子育ての視点が変わる ホットワーク集

～子どもと親の支援に関わる
すべての人のために～

特定非営利活動法人 乳幼児親子支援研究機構
石井栄子・小山孝子

コスモス・ライブラリー

目次

この本を読んで下さるみなさんへ _____ 1

はじめに _____ 5

この本の構成について _____ 7
1. ホッとできるための要件 _____ 7
2. この本を活用していただきたい方々 _____ 8
3. どんな順番で使ったらいいの？ _____ 9

グループワークを楽しむために _____ 13
1. グループワークって何？ _____ 13
2. グループワークってどうしていいの？ _____ 14
3. ワークで困ってしまっても _____ 16
4. えっ、ファシリテーターって？ _____ 16
5. ファシリテーター役をする人は _____ 17

グループワークに楽しく参加してみよう _____ 19
ワーク－1：じゃんけん _____ 19
ワーク－2：誕生順に並びましょう _____ 21
ワーク－3：名札を作る～今日の気分 _____ 23

わたしって _____ 27
ワーク－4：わたしの好きなもの _____ 28

i

目次

ワーク-5：子どもの頃のこと ------------------------------- 32
ワーク-6：外から自分を見てみると ---------------------- 36

力をもらう --- 41
ワーク-7：わたしの心のもやもやちょっと聞いて -------- 41
ワーク-8：子どもが好きな食事 ----------------------------- 44
ワーク-9：うちの子、よその子 ----------------------------- 47

想像を膨らませて --- 49
ワーク-10：何でも叶う魔法の贈り物 --------------------- 49
ワーク-11：あ〜、こんな《今》からぬけ出したい！ ----- 51

自分へのご褒美 -- 55
ワーク-12：夢がかなう日 ----------------------------------- 55
ワーク-13：すきすきシャワー ------------------------------- 57
ワーク-14：わたしの宝箱 ----------------------------------- 59

身体（からだ）のアンテナ ------------------------------- 63
ワーク-15：些細な気持ちのすれちがい ------------------ 64
ワーク-16：からだの感じに気づく―近づく体験― ------ 67
ワーク-17：子どもを知るてがかり
　　　　　―ママ、こっちを向いて！― ------------------- 70
ワーク-18：《頭》で考えるから《からだ》で感じるへ --- 73

大人の気持ち、子どもの気持ち ―――――― 77
ワーク−19：入れて、入れてあげない ―――― 77
ワーク−20：大人の願いと子どもの思いの食い違い ―― 82
ワーク−21：仲裁と仲介 ―――― 88

自分と付き合う ―――――― 93
ワーク−22：嫌いな自分のクセと上手に付き合うために ―― 93
ワーク−23：心のごちゃごちゃどうしよう ―――― 96

支援に役立つ話の聴き方、伝え方、事例検討 ―――― 101
ワーク−24：口を挟まないで、黙って相手の話を聴く ―― 102
ワーク−25：相手の気持ちに寄り添う話の聴き方 ―― 105
ワーク−26：セリフをふやそう ―――― 110

言葉の力 ―――――― 113
ワーク−27：ほめれば、子どもは育つの？ ―――― 113
ワーク−28：子どもの自由とは ―――― 119
ワーク−29：みんなで樹を作ろう ―――― 123

視点を変える ―――――― 131
ワーク−30：いいとこさがし ―――― 131
ワーク−31：皆の知恵を出し合って ―――― 135
ワーク−32：子どもたちと私の関係 ―――― 141
ワーク−33：子どもたちとの撮影 ―――― 144

つながりを作ろう ------147
ワーク-34:不思議なポエム ------147
ワーク-35:協力ゲーム
　　　　　―皆でぬり絵を楽しもう― ------151

終わりに ------157

この本を読んで下さるみなさんへ

　子育て中のパパやママの悩みを聴くたびに、私たちは、「こんなに子育てに一生懸命なあなたたちが、そんなに苦しまずに、《ホッと気持ちが休まるような》そんな本を書きたい」と思っていました。
　子育て中には色々な気持ちが湧き上がってきます。
　子育てって、一つの心配が解決すると、すぐにまた、次の悩みが生まれてきてしまう。その繰り返し。

　　　　　　　　　　　　　　我が子には優しくしたい
ついつい、子どもに荒い声　　ゆっくり話を聴いてあげたい
を投げつけてしまう鬼のよ　　しっかりと抱きしめたい。
うな自分を責めてしまう。　　そう思っているのに。

と思ったり、

この本を読んで下さるみなさんへ

> それでも、子どもがちゃんと育つように
> 親として、しっかり教えてあげなければ！
> 他人に迷惑をかけないように
> 育てなければならない！

> 親である自分がしっかりしなければ、
> 教師として！保育者として！
> 子どもをまかされる身として
> 「…ねばならぬ。…あるべき」

> よしっ!!
> 今日は いける!!

と、自分を奮い立たせたり、

> 頭では、「…すべき」ということは
> わかっているのに。
> それができないから、苦しくなってしまう。

> だったら、どうしたらいいのかしら？
> 具体的に、「こうすればよい」
> という方法があるのか知りたい！

> がんばれ
> 自分…。

どうしていいかわからなくなってしまったり。

そんなとき、《子ども役になってみて》あるときは、《大人役になってみて》そこで、実感として感じることが大事なヒントになると思います。

> 気づかなかったけれど、誰でもが持っている《からだのアンテナ》（63頁）これが大きなヒント

> 気がついたら、いつの間にか、自分を縛っていた枠がはずれ、気持ちの整理ができてくる

　私たちのワークにはそんな気づきがたくさん隠れています。
　子育てがだんだん楽しくなってくると、大人である自分自身にも優しい気持ちになってきます。
　苦手な自分とも仲良しになってくると、不思議と周りの人たちにも優しい気持ちになってきます。
　なによりも、ありのままの自分でいい！
　この本は、「自分自身も子ども自身も丸ごと受けとめることがこんなに楽しく、すてきなこと」ってわかる本なのです。

はじめに

　子育て支援という言葉が世の中に出初めたのは、もう何年前になるでしょうか？　初めは少子高齢化対策、そして今は女性の社会進出をめざして、制度や支援対策の充実からより良い内容の充実まで、様々に形を変え変化してきています。その中で、今、注目されているのが子育て中の親に向けての《ペアレントプログラム》と言われているものです。

　私たちもこの本の第一弾として《フォーカシング指向親向け講座》を出版し、その方法や参加者への基本となる姿勢について伝えながら、実際に、講座を行うファシリテーター養成のための研修をしてきました。そして、それらの講座や研修で、私たちは参加者の方々から、たくさんのご意見や感想をいただきました。実際に参加者の変化に気づくこともたくさんありました。今回は保護者の方々に講座を開く時、また子育てに関わる者同士で学び合う時に、楽しみながら、心や視点の変化が期待できるワークの中のいくつかをご紹介します。

　講座の感想の中には、「しぜんに、子育てを振り返ることができた」「振り返ることが自分を責めることではなく、前に進むことであることに気づいた」等の、自己肯定感に触れたもの、「自分の癖と自分に気づき、更に相手の気持ちにも気づけた」とコミュニケーションのきっかけを手にした感想、「自分の《枠》を広げることで、自分にも相手にも優しくなれるような気がしてきた」等自身の心の変化を感じたもの等がありました。

　私たちが提供してきたワークをもっと多くのみなさんに、研

はじめに

修や日常の集まりで実際に使っていただきたいと思い、まとめてみました。

実は、ワークは体験され「これは使える」というご自身の中でのぴったりした感じがないと、実際には使えません。また、ご自身でぴったりと思っていても、その研修や講座の場、参加者の様子によっても異なり、急遽変更ということもあるかもしれません。そこで是非、ワークを仲間同士で実際に何度もやってみて頂くことをお勧めします。

この本の構成について

　《気持ちがホッとする》と《ポカポカして心が柔らかくなる》。すると、胸やお腹のあたりから手足の先まですーっとほぐれてくる。

　いつのまにか「あれ？　周りにいる家族や友だちにも優しい気持ちで接している自分がいる」

　そんな体験ができることを願って書きました。

　裏返すと、不安や怒りで気持ちがいっぱいになると、不必要な緊張感で心もからだも硬くなり気づかないうちに周囲の人々や自分自身へ苛立ちをぶつけたくなるのは当たり前のこと。《そんな自分》も否定せずに認めてあげることができると《ホッとできる》のです。

　子育てはその縮図。《子どもに優しくしたい》は、同時に《子どもに関わっている自分にも優しく》してあげることが大事な一歩だからです。

　《ホッとしなければ！》ではなく、育てる側の気持ちが《ホッとできるためのちょっとした工夫》がこの本には散りばめられています。

1. ホッとできるための要件

① 安心感

　《子どもの頃の安心だった場所にもどる》ことは、《大人になった今現在》に気づかずに身にまとっている緊張感を和らげてくれます。小さい時に大好きだった遊びや玩具、隠れ

場所などの思い出は忘れていた《あの頃のワクワク感》を次々と引き出してくれることでしょう。どんなに過酷な子ども時代を過ごしたとしても意外に「押し入れの中」「階段の裏側」「裏の樹の根もと」「手の中の小さな小石」など、そのことの《ホッと感》や《秘かなワクワク感》を持っています。そこに気づくことが《安心感を確認》する大切な要件です。

② **認められ感**

　自分自身では「こんな自分はダメ」「もっとしっかりしなければ」と思っていても周りの人たちからポジティブな言葉や笑顔を向けてもらえると《やっぱりうれしい！》。自信をなくしていた自分にも「このままでいてもいいのね」といつのまにか前向きになれている。

　《周りの人の力を借りる》《手をつなぐ》ことが意外なほど大きな力になることを実感する。一般的な言葉でいう《自己肯定感》の構築です。

③ **希望がもてる未来**

　子どもを見守っているときには、必然的に《子ども中心の視点》になります。子どもに関わる人はそれほど細やかな注意が必要だからです。でも、ふと気がつくと《未来への見通しが持てない》不安感がよぎる…。そんな時、ワークで《身動きがとれない今の現実から自由な発想で未来を遊ぶ》体験をする。その開放感から明日への一歩に向かうことができるのです。

2. この本を活用していただきたい方々

　この本は、現在子育て中のお父さんやお母さん（保護者）、子育て中の親支援をしている方々、幼稚園や保育所の保育者のみなさん、福祉職の方々、学校の先生たち、スクールカウンセラーなど子どもや親に関わる心理職の方々、さらに、大人同士ではあるけれど人間関係に関わる全ての方が、《ホッと心を和ませ、ゆとりをもって》、**相手（子ども、保護者、仲間など）や自分と大切に付き合うことができるようになるための提案集**です。自分一人で本を読みながら試してみるのもよいでしょう。親同士の仲間で遊んでみるのもよいと思います。保育者や子育て支援者の方々がファシリテーターとなって、子育て中の親向け講座を開くとき、保育者同士・支援者同士、教員同士など、職場や専門家集団の勉強会や研修会、さらにスクールカウンセラーと教員の研修にもお役にたてることでしょう。

3. どんな順番で使ったらいいの？

　この本は、グループワークを体験した方々の実際の感想をもとに、グループワークについての説明から始まっています。
　グループワークを紹介では、グループワークへの戸惑いや身構えをなくすワーク、自身を認めるワークと続いていきます。安心して、グループワークに参加できるように、自身の気持ちを確認しながら、自分の良い部分も悪い部分も全て認められ、心軽やかに更にワークをすすめて欲しいと思っているからです。
　この中には
・**わたしって（ワーク4～6）**……自分で自分に気づくワーク

- **力をもらう（ワーク7〜9）**……他の人から力をもらいながら自分を確認するワーク

そしてさらに、

- **想像を膨らませて（ワーク10、11）**……自分を違う視点からみてみる
- **自分へのご褒美（ワーク12〜14）**……力をもらい元気になるワークが入っています。

そして次にこのワーク集の要ともなっている

- **《身体（からだ）のアンテナ》（ワーク15〜18）**……言葉にはできないけれど、なんとなく感じている感じを知るワークに移ります。

そして、その《からだのアンテナ》を手がかりに

- **大人の気持ち、子どもの気持ち**に気づく**（ワーク19〜21）**、
- **自分と付き合う（ワーク22、23）**へと続きます。

続いて、他の人を支援するという立場から、人との関わり方に発想を広げています。ここでは

- **支援に役立つ話しの聴き方、伝え方、事例検討（ワーク24から26）**
- **言葉の力（ワーク27〜29）**……子育て中によく耳にしたり、子育てに関わる方々が本を読んでこだわったりする言葉に注目したワーク

そして、

- **視点を変える（ワーク30から33）**……子育て支援に関わっている方々が事例検討や実際の日常で活用できるようにワークを提供してみました。

最後にはこのワーク集のしめくくりということで、

・**つながりを作ろう (ワーク 34、35)** となっています。

　この本の流れに沿って進んで頂ければよいのですが、時間の関係でそうもいかない場合もあると思います。その場合は、必要なワークを取り出してやってみるのもよいでしょう。それでも、参加者はその時の各自の必要に応じて得るものがあると思います。

この本の構成について

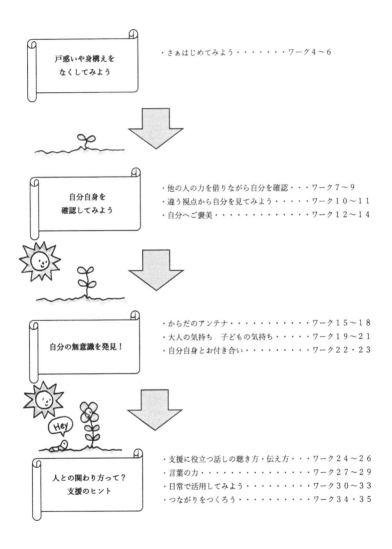

戸惑いや身構えを
なくしてみよう

・さぁはじめてみよう・・・・・・ワーク4～6

自分自身を
確認してみよう

・他の人の力を借りながら自分を確認・・・ワーク7～9
・違う視点から自分を見てみよう・・・・ワーク10～11
・自分へご褒美・・・・・・・・・・・・ワーク12～14

自分の無意識を発見！

・からだのアンテナ・・・・・・・・・・ワーク15～18
・大人の気持ち　子どもの気持ち・・・・ワーク19～21
・自分自身とお付き合い・・・・・・・・ワーク22・23

人との関わり方って？
支援のヒント

・支援に役立つ話しの聴き方・伝え方・・ワーク24～26
・言葉の力・・・・・・・・・・・・・・ワーク27～29
・日常で活用してみよう・・・・・・・・ワーク30～33
・つながりをつくろう・・・・・・・・・ワーク34・35

グループワークを楽しむために

1. グループワークって何？

　グループワークとは、複数の人たち（グループ）で、一緒に一つの作業をすることです。私たちは、学校で小さいころからワークブックを使いながら、一人でワークシートに向かうことには比較的慣れているかもしれません。でも、複数での作業では、互いを響かせ合いながら、一人での作業を超える力を得ることができるのです。グループワークでは、一緒の作業の後にグループメンバー同士でワークを振り返る時間を作ります。ここでは、自分の考えや感じ方と異なる人がいることに気づいたり、自分では気づかなかった自分自身に気づくこともあるかもしれません。「えっ、そんな考え方もあるんだ」「そんなふうに感じるんだ」など新鮮だったり、びっくりということもあるでしょう。

　また、本書のグループワークの中にはロールプレイも含まれています。いきなり、「子ども役になってみて！」と言われても「えー、人前で話すだけも苦手なのに、子ども役になるなんて無理…。だって、私はもう大人だもの」と思うかもしれません。それでも、思い切って、子ども役になってわがまま放題してみると「面白い！」「うちの子がわがまま言っている気持がよくわかった」と子どもの言い分や気持ちが実感としてからだに響いてきます。ものは試しとこの実感と体験を味わっていただきたいと思います。

2. グループワークってどうしていいの？

グループワークを終えた後の参加者の感想です。

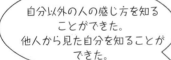

自分以外の人の感じ方を知ることができた。
他人から見た自分を知ることができた。

ふと立ち止まって自分のことを客観的に見る時間になった。

読むだけではわからないことが、ワークを行うことで理解できた。

- 他の人に認めてもらうことで、力がもらえた。
- 他の人の変化にも気づき、互いにそれを認め合えること、それが自分にとってもよい影響となっていた。
- 視点を変えると気づくことがある、ということがわかった。
- どの役割・設定も実際にやってみることで感じるものがあった。
- ワークを通して、自分自身やお互いを認め合うことができた。

子どもの気持ち思い出し中…

大人の気持ち実感中…

3. ワークで困ってしまっても

でも、グループワークでは、戸惑いや困ってしまったという感想もあるのです。

でも、大丈夫！！！！だからこそ、グループワークのときには《ファシリテーター》がいるのです。

4. えっ、ファシリテーターって？

ファシリテーターは、グループの作業がスムーズに進むように、灯台のような役割を果たす進行役。迷わないように、光で照らしてくれますが、進んでいくのは参加者の一人ひとりです。ファシリテーターは、参加者一人ひとりが各自の《ゴール》を見つけ出せるよう手伝ってくれることでしょう。

ファシリテーターは、グループのあなたを《あなた個人》として、《グループの一員》として、両方の視点で見てくれています。一人ひとりにとって、居心地の良い場も作り出してくれますので、その中で、あなたはきっと参加者一人ひとりのことを客観的に、評価せず、共感的に理解することができることでしょう。

　でも、もしかして、他の人とのかかわりの中で、なぜか気持ちが落ち込んでしまうことがあるかもしれません。グループワークで他のメンバーの気持ちが自分の何かを刺激するのでしょう。そこで湧き上がってくる気持ちはとても大切なものですが、よい思いだけでなく、つらい思いも出てきてしまうこともあるのです。

　そんな時は無理せずに、自分のその気持ちに「そんな感じがするんだね」とそっと声をかけて、《パス》することも必要です。「今は、やりたくないので〜〜」「パスします」と、ファシリテーターに伝えてください。

5．ファシリテーター役をする人は

　ファシリテーターは進行役です。参加者の一人ひとりが自分らしくその場にいられること、グループワークに参加できること、自分の思いを出せることをサポートします。それには、参加者と《共に》この場にいるという存在の仕方と、参加者の気持ちをそのまま評価せずに受けとめる姿勢（態度）が必要となります。それにより参加者一人ひとりが「私は大切にされている」「認められている」と感じられ、安心してグループワークを楽しむことができますし、無理せず自分を発揮したり表現で

きたり、ワークの主役になることができることでしょう。ファシリテーターは、主役でも、先生でも、グループリーダーでもありません。参加者一人ひとりのありたい方向を見つけ出す手伝いをすることが役割です。例えば、グループのゴールに向けて、ワーク自体を仕切ってしまったり、ワークの意図と異なる言動を制限したり、ファシリテーターと参加者の役割が交代しないように、注意しましょう、

　しかし、参加者にとって安心であるはずの場が、安全が保てなかったり、居ごこちが悪くなってしまうこともあります。それは、ワーク自体が参加者の心の痛みに触れてしまうこともあるからです。そんな時は、参加者の気持ちに寄り添いながら、《途中で中止できること》《やりたくないときはパスできること》を伝えましょう。また必要に応じて、個人的なサポートができるようにスタッフは二人以上いるとよいでしょう。

ファシリテーターは
ワークの進行をサポートする
灯台の様な役割です.

グルーグループワークに楽しく参加してみよう

ワーク−1：じゃんけん

　　初めてのグループワークへの参加…。ワクワク、ドキドキ…「何するのかな？」「何をしなくてはいけないのかな？」「他の人はどんな人かな？」「他の人からどんなふうに思われるかな？」等、色々な思いが浮かんでくることでしょう。そんな時、誰でもが知っている遊びを中心に、無理なく難しくなく、そして楽しく参加できるワークがはじめにあるとホッとします。懐かしさも手伝って、参加者同士思わず微笑みがこぼれることでしょう。

【ねらい】初めてのワークへの戸惑いをなくす（雰囲気づくり）
　　　　　本題となるワークへの導入

【人　数】少人数〜大人数まで

【準備物】なし

【手　順】
1. ファシリテーターは「じゃんけんを知っている人？」などの言葉がけで場の空気を和らげる。
2. 参加者同士相手を変えて、5回じゃんけんに勝った(負けた)人から、指定された場所に並ぶように伝える。
3. じゃんけんを行う。
4. 気持ちが和んだところで、近くの人と簡単な自己紹介をし、知り合うきっかけづくりをする。

【ワークを終えて】
　このワークはいろいろに使えます。ワークへの導入、並んだ順を使ったグループ分け、さらに、このじゃんけんの遊び自体

が独立したワークとしても使えます。（64ページ参照）。

　じゃんけん遊びの懐かしさと、その中での勝ち負けのゲームについ夢中になり、指定された回数まで「あと何回かな？」と相手となる参加者を探しているうちに、参加者同士が知り合うきっかけになっていくでしょう。

ワーク−2：誕生順に並びましょう

　誰でもが知っている《自分のお誕生日》を題材にしたワークです。講座が始まる前の《ちょっと緊張した空気》がそのまま固まったままだと、参加する側はもちろん、進行するファシリテーターの気持ちも固くなり、つい堅苦しい理屈だらけの講座になってしまいがち。ほんのちょっとした《緊張感》からドキドキ・ワクワクを楽しみながら、和やかな空気にしたいときに、試してみてください。

【ねらい】初めてのワークへの戸惑いをなくす（雰囲気づくり）
　　　　　本題となるワークへの導入
【人　数】少人数〜大人数まで
【準備物】なし
【手　順】
1. ファシリテーターは、「お誕生日を知っている人」という言葉で場の空気を和らげる。
2. 続いて参加者に、「ここでひとつ、難しい条件を出します。それは《絶対に声を出してはいけないこと》です。暴力以外なら、手を使ったり、足を使ったりなど、どんな方法でもよいので、ご自分の誕生月日を相手に伝える工夫をしてみてください」と伝える。
※ 最初の誕生月日の人の立つ位置と並ぶ方向を決めておくとよい。
3. 並び終わったら、ファシリテーターは、はじから順にその誕生月日を尋ねていく。
4. もしも、順番が違っていたら、その人は、場の雰囲気を和らげた功労者として、賛美する。

【ワークを終えて】

　ファシリテーターの「お誕生日を知っている人」という問いかけの時から、参加者の中にちょっとざわつきが起こります。「何？そんな簡単なこと？」「フツウに応えていいのかしら？」という戸惑いに加え、ファシリテーターの「年齢まで聞きませんから」などの冗談が、ざわつきから笑いに変化。こんなちょっとした言葉がけが場の空気を換えるのです。参加者は黙って誕生月日順を確認することで、相手の表情やしぐさをしっかりと見ることになります。「えっ、私の誕生日に近い。あなたも夏生まれだったのね」としぜんに、親しみが湧き、そのやわらかい空気が居心地の良い空間を生み出すのです。

ワーク−3：名札を作る〜今日の気分

　急いで家事を片付けたり、出かける支度をして、混雑した電車に乗って急いで講座や研修の会場に集まってきてくれた参加者。その一人ひとりを大切にしたい主催者。

　「さあ、落ち着いて研修を始めましょう」との開始の一言にも何故か互いのザワザワ感が納まらない感じがする。

　そんなとき、慌ただしい外の世界と《ちょっと区切りをつけて》、ゆったりした気分で講座に気持ちを向けることができるといいと思いませんか？そんなときに役立つワークです。

【ねらい】しぜんな気持ちで、ゆったりと自分のための時間をもつ

　　　　　今の自分について感じたり、気づいたりする。

【人　数】少人数〜大人数まで

【準備物】カード（画用紙 A6 サイズ）

　　　　　※A4 コピー用紙の 4 分の 1 位のサイズが適当だが、画用紙は B 版が多い為、準備しやすいサイズを工夫するとよい。

　　　　　カードケース、

　　　　　※上記用紙が入る大きさ。ケースがなくても安全ピンなどで工夫も可

　　　　　筆記用具、クレヨン、色鉛筆等

　　　　　机

【手　順】

1. ファシリテーターの言葉がけで、静かに《今ここでの自分》と共にいる時間をとる。

　　言葉がけ例：「今日集まってくださった皆さまのお一人

　　　　お一人が、ゆっくりと研修（講座）に向かえるように、少しだけ《落ち着ける時間》をもちましょう」

　　　「ここに集まってくる前のご自分の姿を想像してみましょう。今日のうちに終わらせなければならない仕事を大急ぎで済ませてきた人、慣れない道順に緊張してこの会場に来た人…。忙しかった時間から今ここに座っているご自分の気分に、ちょっと目を向けてあげましょう」

※ ゆったりと誘いかけると参加者は、しぜんに自身の今の気分を感じられる。

2. カードが今日の名札になることを説明し、《自分の名前》と《今の感じ》を自由にかく（書く・描く）ことを伝える。
※自由とは、名前は苗字だけ、呼んでほしい名前、今日だけの愛称でもよい。色も字体もカード内の使う場所も自由
※ ファシリテーターは絵の苦手な人も気楽に参加できるように配慮する。

　例：「無理に絵を描こうとせずに、「今日の気分はどんな色？」と色だけで塗りつぶしてもよいし、模様にしてもよいことを伝え、「しぜんにご自分の指が動くに任せてみるというのもおもしろいですよ」

※ ファシリテーターは参加者自身の気持ちが安心して参加できる雰囲気を作る。

　例：「なにも思い浮かばないな…という時は、チラッと周りの人の様子をみたりするのもいいし、なにも浮かばないから、真っ白のクレヨンで書くというのも

ありです」「やりたくないときは、パスすることもできます」
3. かきあがった名札を見せながら、「今の気分はこんな感じの○○です」と自己紹介をする。
4. かいたカードは、首からさげたり胸につけたりし、参加者同士が互いに名前を呼び合えるようにする。

【ワークを終えて】
　カードに向かって書いて（描いて）いると、だんだん気持ちが落ち着いてくるから不思議…「本当！出かける前は川の流れのように何かがすごい勢いで動いていて、でもクレヨンを走らせていたら、今はとても穏やかに落ち着いた感じになりました」「ちょっと疲れていて灰色っぽい感じかな？と思ったら、色を塗っているうちに、光も描きたくなって周囲を黄色で塗っていたら、気持ちが明るく変化してきました」など、ごくしぜんに、今の自分の《感じ》が自己紹介で話されます。

　現実の社会は本当に目まぐるしく動いているのですが、私たちはその流れからはずれないように目の前のやるべきことを必死でこなしているうちに、いつのまにか「自分に目をむける」ことを忘れてしまっただけ…。きっと、もっと時間がゆっくり流れていた時代には、太陽に手を合わせ、風を感じ、家族とのやりとりもゆっくりすごしていたのでしょうね。

【ワークを行うにあたって】

本書では、グループワークを安心・安全に進めるために、以下の約束を守るよう、ご案内をしています。自分自身も他の参加者も大切にしたいからです。

《安全、公平、対等》の原則

自分の安全と場の安全を守ります。
1. 自分がこの場で感じていることを大切にします。
2. やりたくないときは「今はしたくありません」とはっきり言って、パスします。
3. この場で話されたことに対しての詮索や評価、アドバイスはしません。
4. この場で起こったことを、この場以外の人に話す場合は、自分の体験のみにします。
5. この場で見たり知ったりした他の人に関しての話を、よそではしません。

公平を守ります。
1. 自分一人ばかりが、時間をたくさん使ったり、体験をたくさんしたりしません。
2. 話せない人や、体験できない人が出ないように心がけます。

対等を守ります。
1. この場では、誰でもが対等です。
2. 自分で体験し、自分と向き合い、自分に気づくために、また、その方法を学ぶために、この時間を仲間と対等に分かち合います。
3. 仲間の誰もが、この場では対等だと感じられるようにします。

自分について考えたり、気づいたりできるように、そして、自分のためのゆったりとした時間を持てるように、また同じ時間を過ごす仲間のためにも、この約束を守ります。

わたしって

ワーク－4：わたしの好きなもの

　日々忙しく、毎日の生活に追われていて、息苦しい。
　「なぜ、こんなに私ばっかり…」とか、「こんなに大変な思いまでして、なぜこの仕事をしているのかしら？」と、ふと虚しくなったり、自分って何？と思ったりしたことはありませんか？

　自分のことってつい忘れがちになったり、後回しになったりしがちですね。《私》について立ち止まって、ちょっと考えてみましょう。ひょっとしたら、ここ数年のうちに、《私の好きなこと》も変化しているかもしれませんよ。

自分の心の中
色々出てくるんだな…

【ねらい】好きなもの（こと）を通して、自分の変化に気づく
　　　　　自分自身に優しく注意を向ける
【人　数】1グループ5～6人
【準備物】ワークシート（19ページ）
　　　　　筆記用具、クレヨン、色鉛筆等
　　　　　机
【手　順】
1. 自分にとって、ワクワクしたり、楽しくなるもの（こと）を思い浮かべてみる。
2. ワークシートに、自分が好きなものをできるだけたくさん書いていく。

3. 書き出した好きなことをじっくり見直し、今の気持ちを言葉で表してみる。
4. 自分の好きなもの(こと)について「これの何が好きなのかな？」「これに触れていると、どんな気持ちになるのかしら？」と自分自身に尋ねてみる。
5. そこで湧きあがってきたイメージを紙の上に描いてみる。　絵でも文でも何でもよい。
6. こんなにいっぱいの「好きなもの」がある自分に一言声をかけてみる。
※ 何も浮かんでこない場合は、それもイメージとして捉え、「なにも浮かんでこないね」と自分に声をかける。
7. 今の感想を話し合ってみる。

【ワークを終えて】

　自分の好きなものを思い浮かべると、ワクワクしたり、笑顔になったりしたのではないでしょうか。また、参加者の一人ひとりの好きなものをみてみると、自分と同じものだったり、ちがうものだったり、その人についての新たな発見もあったかもしれません。

　自分自身についても、「こんなに好きなことがあったんだね」「忘れていたね」と優しく声をかけてあげることで、「このところ、忙しかったね」「久しぶりに好きなことをしてみようか」など、見えてくる世界が異なってくるかも知れません。

わたしって

ワーク4：ワークシート1-①

私が好きなもの

自分がすきなものを 書けるだけかいてみましょう

ワーク−4：ワークシート−1−②

自分の書いた「好きなもの」をながめてみたり、グループで話し合う中でわいてきた、
「私の好きなもの」って、どんなイメージ？ 絵に描いてみましょう。

こんなにいっぱい「好きなもの」がある**自分に、一言声をかけてみましょう。**

わたしって

ワーク-5：子どもの頃のこと

　子どものとき、好きだった玩具、好きだった場所、好きだった人を思い出してみると「あっ、その玩具、私も持っていた」「あの大きな木の下で、鬼ごっこをしたりおままごとしたりした」「自転車の後ろで、お父さんの背中につかまっていた」など、なんだか懐かしい気持ちになりませんか。
忙しい毎日の中で息つく暇もない、目の前のプレッシャーに押しつぶされそう、そんなときに、ホッと安心した気持ちを思い出して一息ついてみませんか。

【ねらい】安心・ホッとした気持ちを思い出す
【人　数】1グループ、5～6人
【準備物】ワークシート（22ページ）
　　　　　筆記用具、クレヨン、色鉛筆等
　　　　　机
【手　順】
1. 小さい時に好きだった場所・好きだった遊びを思い出してみる。
2. その場所で（その遊びで）過ごした時の気持ちも思い出してみる。
3. グループで、その場所や遊びについて、思い出を伝え合う。
4. 3で更に思い出したことなども合わせて、思い出の場所、遊び等の絵を描いてみる。
5. その中にいる小さい時の自分に、優しく声をかけてみる。

【ワークを終えて】
　忙しい毎日に振り回されている中で、子どもの姿を目にしたとき、ふと笑みがこぼれることってありませんか？　一瞬「あっ、私もあんなことやっていたな」と思うことがあっても、すぐに日常に自分を戻さなくてはならない現実があるかも…。小さいころのことを思い出すと、温かい日差しやさわやかに吹いてきた風、枯葉のかさかさした音までよみがえってきます。「私は何も思い出せない」と思っても、グループの人たちの思い出を聞くと「そうそう。私も…」「こんな遊びも流行ったよね」と心が躍ったり、明るい気持ちが膨らんできます。ホッと安心した気持ちに浸り、いつのまにか《自分らしい居場所》に落ち着くことができたのではないでしょうか。

わたしって

ワーク−5：ワークシート−2−①

小さい時好きだった遊び

① 小さい時に好きだった場所・好きな遊びは？

② そこで遊んだ時の気持ちはどんな感じですか？

ワーク−5：ワークシート−2−②

③ 話し合った後で、思い出したことなども合わせて、絵を描いてみましょう

④ 小さい時の自分にかけてあげたい言葉はありますか？

ワーク−6：外から自分を見てみると

　思うように仕事が進まないときや失敗ばかりが続くときなど「あ〜あ、こんな自分を取り換えたい！」と思ってしまったりしませんか？　他の自分がいたらいいのにと思ってみると、「なんだか自分って何のとりえもないし…。いったい私って何？？？」と自分に向ってひとり言を言っているかもしれません。」

　そんなときは、「何でも興味を持つけれど、すぐに飽きてしまう自分」「怒りっぽいぼく」「注意力が足りないわたし」など、なぜか失敗につながる《私の特徴》だけに目が向いてしまいがち…。そんなときにこんな遊びをしてみませんか。

【ねらい】自分の色々な面を知る
【人　数】制限なし
【準備物】ワークシート（38 ページ）
　　　　　筆記用具、色鉛筆等
　　　　　机
【手　順】
1. ワークシート（38 ページ）にそって、他の人から見た自分を想像して記入していく。
2. 自分から見た自分　ワークシート（39 ページ）について記入していく。

【ワークを終えて】
　このワークシートを埋めるとき、きっとしぜんに思い出す《時》を選択しているでしょう。
　子どもの《時》を選択していると「お母さんからは、のんびり屋さん」「ペットからは、遊んでくれるやさしいお兄さ

ん」「友だちのAさんからはリレーの早い人、Bさんからは虫博士かな」「ここに書いてないけれど、おばあちゃんの枠も作ろうかな」。大人になった《今》からみると「お母さんからは、老後に期待されているしっかりもの」「ペットからは何でも許してくれるママ」「友だちからは、あわて者」などなど《自分について》の幅がどんどん広がっていくのを感じられたことと思います。自分の中には「怒りっぽい自分」もいれば「のんびりや」「しっかりもの」も「興味旺盛」「あわて者」や「虫に詳しい」「スポーツ大好き」など、色々な部分があることに気づきます。その中の一つにとらわれている自分に「そんなところもあるよね」と言葉をかけてあげてみると、いつの間にか、肩の力が抜けて気持ちが楽になっていると思います。

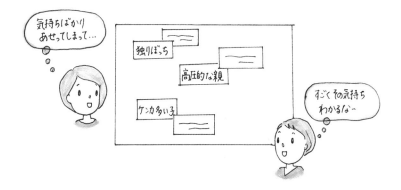

わたしって

ワーク−6：ワークシート−3−①

私はきっとこんな人

一番身近な人からみると
　きっと私はこんな人

お母さんから見ると
　きっと私はこんな人

お父さんから見ると
　きっと私はこんな人

兄弟（姉妹）から見ると
　きっと私はこんな人

ペットや
　大好きな玩具から見ると
　　きっと私はこんな人

近所の人から見ると
　きっと私はこんな人

友達から見ると
　きっと私はこんな人

ワーク6：ワークシート－3－②

自分から見ると 私はこんな人

好きなもの

嫌いなもの

できること

できないこと

小さい時はこんな感じ

20年後はこんな感じ

力をもらう

ワーク-7:わたしの心のもやもやちょっと聞いて

　我が子はかわいい！　私のクラスの子は大事！　何よりも大切な存在！

　それなのに、些細なことでイラッとしてしまう自分。こんなに小さな子に腹を立て、ひどいことを言ってしまう自分は鬼？　よそのお母さんたち（他のクラスの保育者）をみると、みんないつもにこやかでゆったりと育てている。子どもに怒ってしまうのは私だけ…」と情けなくなってしまう毎日。子育てに必ずつきまとう悩みです。

【ねらい】子育て（保育）での肩の力を抜く

【人　数】1グループ、6〜8人

【準備物】白模造紙全版　グループ毎に1枚

　　　　　付箋　7.5×7.5㎝　色はピンク以外何色でもよい

　　　　　　　　7.5×2.5㎝　ピンク色

　　　　　机（参加人数が囲める大きさ）

【手　順】

1. 参加者は、生活の中でイライラする子どもの行動を思い浮かべる。

　　「特に、すごく腹が立ったこと」「いい加減にしてよといらいらしたこと」「やめさせた方がいいのかなと一瞬迷うようなこと」など

2. それらの具体的な行動のみを付箋（7.5×7.5㎝）に書き出して、手元に置いておく。

　　それぞれ設定された時間（1〜2分程度）内で、付箋一

枚に一つ、何枚書いてもよい。

3. 書いた付箋を、一人ずつ模造紙の適当と思われる場所に、内容を読み上げながら、貼っていく。

　※ 模造紙の中心部から「特に、すごく腹が立ったこと」「いい加減にしてよとイライラしたこと」「やめさせた方がいいのかなと一瞬迷うようなこと」を外側に向かって順番に貼り出していくとよい。

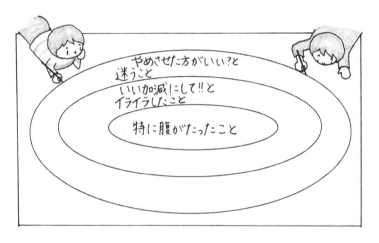

4. ファシリテーターは「ここに、子育ての苦しさを誰にもわかってもらえずに、一人で頑張っている人たちがいます。この一人ひとりが元気になるような言葉を、ピンクの付箋に書いて、貼ってあげましょう。」という言葉がけをする。

5. 参加者は貼られている付箋一枚一枚のすべてに、ピンクの付箋を貼っていく。

　※ 模造紙に貼りだされたイライラやむなしさの言葉を読み、ピンクの付箋に「その気持ちわかるよ」「私は、そ

んな時○○したら解決した。参考になればいいな」など、相手の気持ちに寄り添った言葉を優しい気持ちで書いて貼っていく。
6. すべての付箋にピンクの付箋が貼られたことを確かめたところで、参加者は、各自自分の書いた付箋を集め、そこに貼られたピンクの励ましの言葉を読む。
7. グループで、自分の書いた付箋と貼られた励ましの言葉を読み合い、この付箋をお土産に持ち帰る。

【ワークを終えて】

　このワークでは、参加者同士、お互いに「自分だけではない、みんな同じようなことで悩んでいるのだ」と気づくことができるでしょう。

　また、今まで一人でイライラしたり、やさしくなれないことに悩んだりしていた自分に贈られたピンクの付箋。そこに書かれた言葉から、子育てを頑張っている自分を認めてくれた実感が得られ、その温かくやさしい眼差しにうれしさと元気が湧いてくることでしょう。

【ちょっと一言】

　付箋、ポストイットというしゃれた名前がついているメモ用紙を使います。裏に糊がついているので、どこにでも貼れてとても便利。糊が強くないので、貼ったり剥がしたりも自由自在。「ここに貼ってみたけれど、こっちに貼りなおしてみようかな？」と今の自分の気分に素直に付き合ってくれるアイティムです。

力をもらう

ワーク－8：子どもが好きな食事

「うちの子、好き嫌いが多くて困るわ」「野菜を食べてくれなくて」「食べる時間が遅くて」などなど、子どもの食事について頭を悩ませている方は多いことでしょう。

食事は、「何とか食べさせよう！」と、こちらががんばればがんばるほど子どもは口を固く結び、ますます《食事嫌い》になってしまうのですから、頭が痛い…。

そんな時に、こんなワークがきっとお役に立つと思います。ちょっと試してみてください。

【ねらい】子どもの頃のなつかしい思い出と《食》の関わりを実感する。

「食べさせよう！」から「楽しく食べる」へ視点の転換。

【人　数】1グループ、6～8人、

【準備物】白模造紙全版　グループ毎に1枚

付箋　7.5×7.5㎝　何色でもよい

小さな紙（A4コピー用紙1/4）

机（参加人数が囲める大きさ）

【手　順】
1. 参加者は、子どもの頃に食べたもので「おいしかった！」「うれしかった！」「楽しかった！」という思い出を、付箋一枚に一つずつ書く。

   その際、食べ物だけでなく、その時の状況や一緒に食べた人などが浮かんできたら、それも簡単な文にして、手元に置いておく。付箋は何枚書いてもよい。
2. 参加者は一人ずつ、付箋に書いた内容を説明しながら模

造紙に貼っていく。

※ 模造紙の中心部から「楽しかった」「おいしかった」などポジティブな思い出を、「つらかった」「まずかった」など嫌な思い出は外側に向かって貼るとよい。

※ 一人一つずつ、思い出を話し、一回りしたら、また次の思い出をというように、順番に話していく。時間が足りなくなったら、付箋を読み上げるだけにし、書いたものは全て、模造紙に貼っていくようにする。

  例：「おじいちゃんが落ち葉を集めて焼いてくれた焼き芋」「お母さんのお手伝いで一緒につくった餃子」など。

3. 上記（1, 2）の感想と共に、参加者一人ひとりが抱えている子どもの《食》への悩みを出し合ってみる。
4. 感想から得たヒントをもとに、悩んでいる自分にかけてあげたいやさしい言葉を小さな紙に書き、お土産に持ち帰る。

【ワークを終えて】

 子どもの頃の楽しかった《食の思い出》を話していると、その時の情景や匂いと共に《誰が、どんなことを、一緒にしてくれた》状況が、リアルに思い出される。その時は嫌だったことも過ぎてみると楽しい思い出になっていることにも気づく。現実生活の中で、「どうにかして食べさせたい」と必死になっていたことも、「子どもに楽しい思い出を作ってあげたい」や「誰かが自分にしてくれた愛情と一緒に《おいしさ》も育まれる」ことに気づき、悩んでいた気持も晴れることでしょう。

力をもらう

【ちょっとヒント】

他にもいろいろに応用してみましょう。
◎離乳食で困っている事、知りたい事を書いて貼り、助言をもらう。
◎小さいときに好きだった遊びや玩具を書き、その楽しさを話しながら子ども心を共有する。
◎子どもの頃の食べ物に関わる思い出を書き出し、その情景や楽しさを思い出したり共有することで、「食」について大切なことをみんなで考える。

などなど、工夫次第。「こんなことに使えるかな…」と読者の皆さまもたのしんでください。

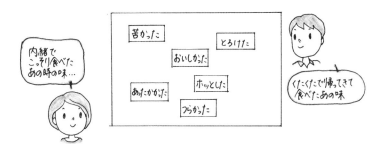

ワーク−9：うちの子、よその子

　赤ちゃんが生まれてすぐは大変なことだらけ…。というのもお腹の中ではしっかりと一緒だったのに、別々になった途端、親子共にわけのわからないことだらけだからです。「なんで泣いているの？」「あれもこれも試してみたけど…」「一体どうしたの」と思わず涙が出てしまいます。なんとかしようとすればするほど、どうすることもできない自分に情けなくなったり、私たち親子の相性が悪いのかしらと思ったり、ますます赤ちゃんとの付き合い方が分からなくなってしまいがちです。よその子だったら気づくことが、我が子だと一生懸命すぎて見えなくなっているのかも…。そんな時こんなワークをしてみませんか？

【ねらい】よその子との出会いから、改めて我が子との出会いを感じてみる

【人　数】生後1年未満の赤ちゃんとその保護者
　　　　　1グループ、親子3組、

【準備物】赤ちゃんを寝かせる敷き物

【手　順】
1. 赤ちゃんを前に寝かせ、それを囲むように、親子3組のグループで輪を作る。
2. 互いの赤ちゃんと保護者の自己紹介をする。
3. ちょっと隣の赤ちゃんを抱かせてもらい、その感じを確かめてみる。
　　　例：自分の赤ちゃんを抱いた時となんか感じが違うかな？
　　　　　ドキドキ、ワクワク、ふんわり、しっかり等赤ちゃんの感じなど
4. 3での感じを言葉にして、赤ちゃんの保護者に伝え合う。

力をもらう

　　※ この時、隣の赤ちゃんを抱いた時の自分の感じ（緊張感、発見等）も伝え合う。
5. もう一度隣の赤ちゃんをゆっくり抱いてみて、その子の良いところを見つけ、保護者に伝える。
6. 保護者は伝えてもらった言葉をかみしめて、自分の赤ちゃんを抱き、その言葉を赤ちゃんに語りかけ、更に自身が見つけた赤ちゃんの良いところを赤ちゃんに伝える。

【ワークを終えて】

　産院から赤ちゃんを抱いて家に戻った途端、「どうしよう」と思ってしまったという言葉をよく聞きます。新しい家族が増えて、生活スタイルも変わります。以前と同じようにしようとすると、できないことに苛立ちがつのります。そんなママのイライラや不安を一番よく感じてくれているが、今までお腹の中でママをしっかりと感じてくれていた赤ちゃんなのです。そんな赤ちゃんとの時間を楽しく過ごすためにも、一人で頑張らず、誰かに「お願い」と頼むこと、ちょっと手を抜くことも大事なことです。

想像を膨らませて

ワーク－10：何でも叶う魔法の贈り物

世の中には思い通りにならないことが山ほどあります。そのようなことにぶつかると、人は何が何でも解決しようと思い、目の前の事柄だけに目を向け、それがかえって視野を狭くしてしまうことがあります。そんな時に使えるワークです。きっと力がもらえるでしょう。

【ねらい】ものごとに行き詰まったり、いっぱいいっぱいになってしまった時に、ゆとりを回復させる

【人　数】特に制限なし

【準備物】小さな紙（A4用紙1/4程度）、筆記用具、クレヨンまたは色鉛筆　机

【手　順】
1. 参加者は、現在自分が抱えている、とても厄介なことを思い浮かべる。

    ファシリテーターは参加者に「ご自分にとって、今、厄介と思っていることを思い浮かべてください。

    ここに魔法の杖があります。

    この杖をひとふりすると、その厄介なものが気にならずにいられるようなものが出て来ます。この杖は何でも出すことができます。さて何を出してもらいましょうか。何がいいかなと、思い浮かべてください」と伝える。

2. 参加者は思い浮かべてみる。
3. ファシリテーターは「魔法の杖で出してもらったものは、あなたにとってピッタリのものでしたか？　魔法の杖は2回まで振れます」と続ける。
4. 各自魔法の杖で想像して手に入れたものを、言葉や絵にして小さな紙にかいて（書いて、描いて）みる。

【注意点】

　厄介なことは、今生活の中で、もてあましているものなので、解決しようと意気込まず、「お守り」をもらってやり過ごすゆとりを作る程度に考える。

【ワークを終えて】

　　ワークの中で手に入れた「魔法のプレゼント」。これを手に入れた時のホッとした安心感を大事に持っていたいですね。でも現実生活では繰り返し、いやなことが襲ってきます。そんな時「お守り」のように役立つのが、絵や言葉を書き出したこの小さな紙。この小さな紙をお財布や手帳の中に忍ばせ、時々力をもらうのはどうでしょう。

ワーク−11：あ〜、こんな《今》からぬけ出したい！

「忙しくて忙しくて眠る暇もない…」「毎日毎日、洗濯と食事の支度と、子守ばかり。まるで私は召使い？…」「やらなければならないことが山積みで、押しつぶされそう…」

ゆっくり息もできないような《今》から逃げ出したくなることってありませんか？

こんな時に、ほんのちょっとした工夫で、心もからだもぐんと軽くなる《お・あ・そ・び》をご紹介します。

【ねらい】一生懸命頑張っている自分にご褒美をあげる

【人　数】1グループ、5〜6人、

【準備物】なし

【手　順】

1. 話す人（話し手）を一人決め、他の人は全員聞く人（聴き手）になる。
2. 話し手は、まったくの思い付きで、架空の日時・場所を設定する。できるだけ、思い切った設定をすると、より楽しい気持ちになるでしょう。
   「○年後の○月○日○時○分、どこで、なにをしている」
   　例：22年後の7月20日14時20分、オランダのスキポール空港で乗り継ぎの飛行機を待っている。
3. 聴き手は、順番に《その場で思い付いた質問》をしていく。
   　　例：「誰と一緒？」「どこに行くの？」「どのくらい滞在するの？」「滞在する場所（家）はどんなところ？」「それは、自分の持ち物？」「お金はどれくらい持っているの？」などなど。
4. 話し手は、質問に、思い付きで応える。このとき、でき

る限り、現実にはあり得ないくらい大げさな空想（根拠のないでたらめ）で、応えてみるとよい。

  例：「世界27ヶ所に別荘を持っていて、今日はそのひとつであるデンマークの別荘に行く。現地デンマークには、20歳ほど年の離れた若い彼が待っているの」「30代の時に起業した事業が大当たりして、今では世界中に会社をもっているの」「デンマークのその家は、小さい島を購入して、使用人が15人くらいで管理しているの」などなど。

5.　聴き手が、3～4周質問を交わしたところで、終わりにする。
6.　グループ内で、話し手と聴き手を交代して楽しむ。

【注意点】

　根拠のない大げさな空想を語ることが大切なので、聴き手は、話し手の喋りを否定したり、事実関係を確かめるような質問はしないようにしましょう。現実離れをした空想の中で楽しむことが大事です。多くの場合は、楽しい夢の展開となりますが、時として、その夢がマイナスの方向に向きそうな場合は、仕切り直してみましょう。

【ワークを終えて】

　単純で無責任な〈遊び〉のようですが、実際にやってみると、なんだか胸のあたりがほっこりして、笑いがこぼれてしまったことでしょう。

　現実の〈いっぱいいっぱい〉に追われた生活の中では、次々に襲ってくる「やらねばならない事がら」に押しつぶされてしまいそうになります。それは、「やらねばならない事がら」と「自分」との心の距離が近すぎてその事がらに飲み込まれ

てしまいそうな圧迫感を感じているからもしれません。そんな時、「気持ちにゆとりをもって」とか「深呼吸をすればよい」といわれても、うまくいかず、そんな自分にますます嫌気がさしてしまいます。しかし、この無責任な《お・あ・そ・び》は、口から出まかせでなんの責任もともないませんし、もちろん実行する必要もないのです。ただ、質問にテキトウに応えているだけで、いつのまにか自分に覆いかぶさっていた「やらねばならない事がら」と自分の間に《ちょうどよい心の距離》が生まれます。すると、不思議なことに《現実の生活は何も変わらないのに、ゆとりが生まれる》のです。口から出まかせでも、自分が創造した〈あり得ないほどの贅沢〉なひとときを想像し、その想像の中に身も心もゆったりと漂わせてあげるだけのことですが、不思議なほど、楽しくて明るい気分になることでしょう。そんな暇はない！と言われるかもしれませんが、そんな夢の中にひたっている時間は、実際には1～2分程度でじゅうぶんなのですよ。

想像を膨らませて

自分へのご褒美

ワーク-12：夢がかなう日

　子育ては毎日毎日、わが子とのにらめっこ、笑ったり、怒ったりの連続です。仕事は山ほどあり、まるでわが子に振り回されているように思えてしまいます。ほんの小さなやりたいこともできない、そして、こんなことが永遠に続くような気さえしてしまいます。でも、本当にそうでしょうか？　ちょっと視点を変えてみると、楽しい夢が広がるかもしれません。

【ねらい】現在の状況にいっぱいいっぱいの自分や日常と距離を置く

【対　象】乳幼児の保護者

【人　数】1グループ、5～6人

【準備物】コピー用紙（A4）2枚、
　　　　　筆記用具、クレヨンまたは色鉛筆
　　　　　机

【手　順】

1. 参加者は、今やりたいこと（現実にはできないと思っていることも含めて）をコピー用紙に、思いつくまま次々に書いていく。
2. 書き上げたものをゆっくりと見直してみる。
3. 「すぐできること」、「子どもが大きくなったらできること」、「ずっと後にやってみようと思っていること」「夢」に分類して、自分でそれにあった色を付けていく。
4. その中から、自分がわくわくするような事柄を一つ取り出して、絵や文章で表してみる。

5. グループで各自の夢を語り合う。

ワーク-13：すきすきシャワー

　新しい仲間と親しくなりたい。お互いに顔は見知っているけれどもう少し親しくなりたい。例えば、新しいクラス、保護者会、グループの親睦会などに、最適なワークです。

【ねらい】周囲から認めてもらえるうれしさを実感する
　　　　　『すき』という言葉が持つ力を再確認する
【人　数】1グループ、　6～8人
【準備物】なし
【手　順】
1. 参加者はお互いの顔が見えるように丸くなって座る。
2. ファシリテーターの「ご自分の好きなことや、楽しくなれることを思い浮かべてみましょう」の言葉で、ゆったりと《楽しんでいる自分》を想像してみる。
3. 上記で浮かんできた《好きなこと》《楽しいこと》《夢中になっている自分》などを話題に自己紹介をする。
4. 一周したところで、一人（○○さん）が輪の中に座る。
5. 周りの人は一人ずつ、自分が感じた○○さんの良いところを「○○さんの△△のところが大好きです」と伝える。全員が言い終わったら拍手。
    ※ 初対面の集まりや相手をよく知らない場合には、「赤がとてもお似合いな○○さんが大好きです」「やさしそうな感じの△△さんが大好きです」といったその人のファッションや雰囲気など感じたことを伝えてもよい。
    ※ ネガティブな言葉や表現は避ける。
6. 順番に輪の中に座り、《大好きです》の言葉をもらう。

7. 『すきすきシャワー』を浴びた気持ちに浸り、その後、その気持ちをお互いにシェアする。

【ワークを終えて】

　大人になると、こうして真正面から《ほめられる》ことがないので、「チョット恥ずかしい！けれども、なんだかとてもうれしくなる…」。

　子育てに疲れているときや、毎日忙しくてイライラしているときなど、ちょっとお茶のみがてらやってみると、雰囲気がぐんとよくなることでしょう。時には、家族で楽しむのもきっと新鮮な笑いを巻き起こすと思います。

ワーク−14：わたしの宝箱

　「自分の長所と短所を言ってください」と言われたとしましょう。短所はいくらでも思い浮かべることができるのに、長所は2つか3つしか出てこないというようなことはありませんか？

　誰でもとてもよい部分を持っているのに、何か問題にぶつかったとき、失敗してしまったときなど、ついつい自分の悪いところしか見えなくなって、落ち込んでしまうのです。

　失敗を責めているうちに、自分が《失敗製造機》のように思えて自信がなくなったり、だめな人間のように思えたりしてしまう…。そんなときに役立つワークです。

【ねらい】自己肯定力を身につける
　　　　　苦しくなったときの気持ちの転換
【人　数】1グループ、　5〜8人
【準備物】縦に2等分したコピー用紙（A4）
　　　　　筆記用具
　　　　　机
【手　順】
1. 参加者は輪になって座る。
2. 紙を縦に持ち、横折りにグループ人数＋1の紙を折る（ジャバラのような形）
3. ファシリテーターは、「紙の一コマ一コマにあなたの良い部分を書いてみましょう」と言葉がけをする。
　　参加者は、自分の良い部分をジャバラに折った紙の欄（コマ）の一つ一つに書き連ねる。

自分へのご褒美

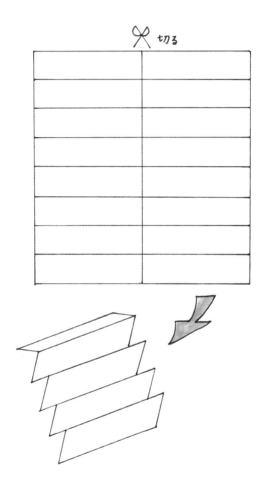

4. ファシリテーターは「紙を裏返し、折りたたんだ紙の一番初めの欄（コマ）に、あなたの《気になる部分》、《欠点》と思っていることを一つだけ書いてください」と、言葉がけをする。

    ※ ジャバラの紙の表（自分の良いところを書き連ねた部分）は、互いに見ないようにする
5. グループ全員が書き終わったら、一斉にその紙を右（左）となりの人に渡す。
6. 渡された人は、紙の一番上に書かれてある欠点に対して、ポジティブな言葉か、その人が元気の出るような言葉をその下の段に書く。
7. 書き終わったら、全員が一斉に右（左）となりの人に渡す〜これを繰り返し次々と埋めていく。
8. 最後には、自分のもとに自分の書いた紙が戻ってきて、自分でもポジティブな言葉を記入することとなる。
9. それを読んで、今の気持ち話し合う。

【ワークを終えて】

　自分の弱点や欠点を認めることは大事なことです。でも、自分に自信が持てない、何をやってもうまくいかないときは、ともすると「私の欠点が全てをダメにしてしまうのだわ…」。と自分を追い立てることが多々あります。このワークでは、自分自身のよいところを《がんばって》みつけてみました。「他の人にみせたら笑われてしまうかもしれない」とちょっと気恥しいような些細なことでも書いてみませんか。この小さな《がんばり》が、《弱点・欠点が作り出している劣等感》から《一歩踏み出すあなたの勇気》なのです。でも、

この小さな頑張りを他の人に見られて笑われたりしたらがっかりです。ですから、このワークではココに書いたことを他の人が見ないように裏返しにしておきます。

　そして、次に《自分の嫌なところ》つまり、あなたの《気になる部分》、《欠点》と思っていることを一つだけ書きました。ここでも《他人には見せたくないあなたの欠点》を公然と他人に見せた《あなたの勇気》が働きました。そしてこの《勇気》にグループのみんなから「それでも、あなたには《こんなに素敵なところがたくさんあるよ》と温かい言葉をかけてもらいました。このワークでは、あなたの「小さな勇気だけれども大きな一歩。それも2つも！」に対して、「そうだね。あなたは自分のよいところがこんなにあるね」とみんなに応援してもらったからこそ、《温かい気持ちに包まれた元気》がもらえるのです。

身体（からだ）のアンテナ

《身体（からだ）のアンテナ》って？

　日本には、からだを使った言葉がたくさんあります。例えば「息をのむ」「鳥肌がたつ」「虫唾が走る」「足がすくむ」「腑に落ちる」。どれも理屈では説明しがたい心情や状況や言葉にならない感覚を見事に表していて『日本語ってすごい』と感心させられてしまいます。

　私たちは、《何となく感じている》《なんだか気がすすまない》など、言葉として認知していないけれど《感じている何か》をからだで先に察知しています。ある時は《肌感覚》であったり、《喉が詰まる感じ》であったり、《胸やお腹がもやもやした感じ》などです。

　それは、頭で意識していなくても、クレヨンでぐるぐる描いたりしているとしぜんに色や形、雰囲気などに現われてくるから不思議です。これを私たちは**《身体（からだ）のアンテナ》**と読んでいます。《からだの声に耳を傾ける》という表現をしてもよいでしょう。からだは今だ言葉にできないことだけでなく、子どもの気持ちと私たち大人の気持ちをつなぐ大事なツールとなるのです。

ワーク−15：些細な気持ちのすれちがい

　日常感じているちょっとした違和感。本当に些細なことなので、文句をいうほどのことでもないと通り過ぎてしまっているようなことってありませんか。たとえば、受付で「○○のショーは、何時からですか？」と尋ねたら「説明書に書いてあります!」と冷たく言われたとしたら…。「わからないから、尋ねたのに、もう少しちがう応え方があるだろう!」とムカッとした。けれど、文句を言うのも大人気ないので堪えたようなこと。

　また、初めての子どもの入園説明会で、幼稚園の先生が「時間が来るまで手遊びをしましょう。この手遊びを知っているとお子さんが喜びます。さあ、手を出して！」と言われ「え…、ちょっと恥ずかしいな」と躊躇していると、「元気がないですね。さあ、大きな声で!」ととても明るく元気なテンションで促されると、モジモジしながらも「子どものためにはやらないといけないかな」と恥ずかしい気持ちを飲み込んでしまう…、など。

　こんなときに、ご自身のからだが、どんなふうに感じているか、ちょっとたしかめてみましょう。

【ねらい】何気ない《違和感》を感じている自身のからだに気
　　　　　づき、《その感じが変化する》ことを体感する
【人　数】20人程度
【準備物】コピー用紙、
　　　　　筆記用具、クレヨン
　　　　　机

【手　順】
1. ファシリテーターはわざと、参加者にとって唐突な提案をする。
   例：「これからみなさん全員でじゃんけんをしてください。できるだけたくさんの人と出会うようにいろいろな人とじゃんけんをします。早く20回勝った人から、この柱のところに並びます。勝った人は賞品があるかもしれません。負けた人はバツゲームが待っているかも…。」
2. ファシリテーターは、「さて、いきなりこんな説明をされて、《今はどんな気持ち》でしょうか？　机の上においてある紙に《その気持ち》を描いてください。」
   「絵を描くというより、指が勝手に選んだクレヨンで勝手に腕が動くままに紙の上を走らせるような感じで、クレヨンで遊んでみてください」と言葉を続ける。
   ※ 突然、「絵に表してみて」と言われても、参加者が戸惑うかもしれません。
   　そこで、ファシリテーターが「モヤっとした感じ」「？？？」などと《今の気持ち》を例に出し、黒板や大きな紙などに、大胆にグルグル、グシャグシャと大きく線を走らせて描いてみると、参加者の戸惑いが少なくなる。
3. 参加者同士でじゃんけんをし、楽しい雰囲気になったらとめる。
4. ファシリテーターは「じゃんけんをしてみて、今の気持ちはどうでしょう」と尋ね、今の気持ちを絵に描いてみることをすすめる。
5. じゃんけんをする前と、じゃんけんをしてから描いた絵を見せ合い、そこで感じたことを話し合う。

身体（からだ）のアンテナ

【ワークを終えて】

何気ない些細な事柄であっても、自身にとって「ちょっと嫌だな…」と思ったことは、頭では振り切ってしまっていても、《なんだか心に引っかかっている》ことがあります。

そんな時、脳は「忘れてしまおう」としますが、からだ自身はしっかり感知しているのです。ですから「じゃんけんを20回も…」と言われた時に感じた「え〜…」という感じを「クレヨンで描いてみてください」と言われた時に、《指は、何気にその時の気分にあった色を選び、手はしぜんに気持ちを表し》ているのです。描いてみてから「そうそう、そんな感じ」と自分でも気づかなかった《感じ》に気づくことでしょう。

「些細な事柄に目をむけるのではなく、その時の気持ちに気づいてあげる」だけで、自分自身の気持ちがホッと柔らかくなることがあるのです。

ワーク－16：からだの感じに気づく─近づく体験─

　大人としては、一生懸命に考え心配しているのに、なぜか子どもと気持ちがすれちがってしまう。「この子はいったい何を考えているのかわからない？」と思う大人。育児書や子どもの発達についての本を一生懸命読み、「感情的にならないように冷静に、客観的な思考を大事に」と考えれば考えるほど、子どもとの距離は離れていってしまうような気がする。そんな時は、大人としての難しい理屈をちょっと横に置いて、《からだのアンテナ》の力を借りてみるのはどうでしょう？　ふだん何気なく感じている《からだの感じ》に目を向けてみると、驚くほどに《自分のからだくん》がしっかり感知し、けなげに働いてくれていることに気がつくことでしょう。

【ねらい】からだが感じている感覚に気づく
【人　数】制限なし、2人一組
【準備物】なし
【手　順】
1. 2人一組で行う。お互いに3～5メートルほど離れ、向かい合って立つ。
2. 互いの目を見ながら、一方が少しずつ相手に近づく。他方はその場を動かず「相手がこれ以上、私に近づかないで」と感じたところでストップをかける。
　　※この時、頭で適切な距離として考えたものではなく、からだが反応する《感じ》に意識を向ける。
3. 近づく側は、一度近づいた後、少し後ろに下がってから再度相手に近づき、その変化を感じる。
4. お互いにストップをかけた（かけられた）地点でのから

だの感じを話しあってみる。

　　　例：相手が急に大きく見えた。圧迫感を感じた。迫って
　　　　　くる感じがした。など
5.　相手を変えて、同じことを体験する。

【ワークを終えて】

　私たちは、日常生活の中でも自身が考えている以上に、からだ感覚に助けられています。

　「からだがザワつく」「身の毛がよだつ」「腑に落ちる」「ムカつく」「しっくりしない」などなど、からだ感覚、皮膚感覚で表す言葉が多いことからわかるように、昔から《人との関わり》や《言葉では説明しにくいニュアンス》《雰囲気》などをからだ感覚で感じ、生活してきています。

　《からだの感じ》を手がかりにすることで、「なるほど！そういうことね」と納得（腑に落ちる感じ）し、ホッとした気持ちになったり、気づかずに張っていた肩の力がぬけ、子どもとの関わりがずっと《らく》になるから不思議です。

【ちょっと一言】

安全を守るアンテナ

　他人に近づかれると不快に感じる空間（エリア）のことを《パーソナルスペース》といいます。意識せずに自分の安全を守っている空間で、その広さは個人の性格や社会文化、民族やその相手によっても差があり、一般に女性より男性の方が広いとされています。ここでは、パーソナルスペースそのものではなく、そのエリアに入り込んで来たときに感じる《からだのアンテナ》に焦点をあてて《感じて》

みます。

　日常、人と人が関わるときに意識せずに何気に感じている《感じ》を改めて意識してみることで、自分のからだが気づかないうちに自分を守る大事なアンテナの役目をしてくれていることがわかります。

　自分のからだの《内側の感じ》に目を向けることで、外にばかり向いていた自分の気持ちや感覚、感じ方に気づき、《うまく言葉にできないけれど、感じている何か》が大きなヒントを与えてくれることがわかります。

　幼い子どもたちは、特に《からだの感覚》が敏感です。大人も《からだのアンテナ》を手がかりにすることで、子どもの気持ちが理解しやすくなり、またコミュニケーションツールとしても大いに役立つのです。

ワーク−17：子どもを知るてがかり
―ママ、こっちを向いて！―

「なんだかわからないけど、この子ったら機嫌が悪いのよ」「ちゃんと言葉で言わなければ、何が嫌なのか、何を怒っているのか、まったくわからない」と、大人側は一方的に子どもを責める。こんな光景思い当たることはありませんか？

もしかしたら、子ども側にも《言葉にできないもやもや感》があるかもしれませんし、《その原因が大人側にある》かもしれません。子どもの気持ち、大人の気持ちを同時に実感でき、お互いの気持ちを知ることができるワークをやってみませんか。

【ねらい】子どもの気持ち、大人の気持ちを体感する

【人　数】制限なし、2人一組

【準備物】なし

【手　順】

1. 2人一組になり、一人が子ども役、もう一人が大人役（親・先生など）になる。
2. 子ども役は、自分が一生懸命に作ったものを親に見てほしいという場面を想像する。
   例：泥粘土を作る、絵を描く、工作をするなど
3. 子ども役はファシリテーターの合図で、「ママ、見てー！」と大人役に向かって走って近づく。
4. 大人役は子どもが近づいてきたところで、突然、後ろを向いてしまう。
5. 次に、役割を交代して同じことをする。
6. ファシリテーターは「子ども役だったときに、あなたはどんな気持ちになりましたか？」と質問する。

※ 参加者の数により、全員にインタビューできないときは、数人に質問する。
7. 続いて、ファシリテーターは「その感じは、からだのどの辺で感じましたか？」と質問をする。
　　※ 時には、子ども役が大人役に後ろを向かれた時の気持ちを、白い紙にクレヨンで描いてみる。
8. はじめの二人組に戻る。
9. 大人役は、子ども役に「さっきは気づかなくてごめんね。あなたが作ったものを見せてほしいわ」と声をかけてみる。
10. 次に交代をして、同じように大人役が子ども役に、声をかけてみる。

【ワークを終えて】
　このワークでは、子ども役のほとんどの人は、大人が後ろを向いた瞬間、走っていた足が止まってしまうことでしょう。「えっ。どうして？」「ねえ、こっちをむいて」「無言…」などの反応をする子ども役もいたかもしれません。その後のインタビューでは、参加者から「悲しかった」「びっくりして言葉が出なくなった」「えっ、どうして？」などの感想がでたことでしょう。更に、「その悲しい感じは、からだのどの辺で感じましたか？」との質問に対しては、参加者は意外な顔をしながらも、「この辺（胸のあたりを示して）」とか「からだ全体」などと応えたかもしれませんね。その言葉を受け止めながら、「それはどんな感じ？」あるいは「さっきとちがう表現で表すと？」と尋ねてみると、「目の前でドアをバタンと閉められた感じ」「喉に石が詰まったような感じ」などの応えが返ってきます。ここで感じた、《生理的にはないけれど、確かに感じるからだの感じ》、これがからだ

身体（からだ）のアンテナ

のアンテナなのです。

　大人は子どもが何を期待し、何をどう感じるかをすべて察知し、そこから生れた理解を回避することはできません。なぜなら子どもはすでに考え方も感じ方も別人格であり、あなたとは同じではないからです。人と人との関わりではこうした行き違いをさけることはできません。けれども、子どもががっかりしたり、悲しそうにしている様子はその表情やしぐさ、からだ全体から感じ取ることはできます。その感じも大人が持つ《からだのアンテナ》です。

　感じ取ることができたら「何か悲しいことがあったの？」と、そっと隣に座って話しかけてみてください。子どもは、怒っていたり、拗ねてしまっているかもしれません。
しかし、子どもは「自分のこの悲しい気持ち」に「大人が気づいてくれた」ことで、先ほどのギュッと固まった《からだの部分》がすーっと和らいでくるのを感じることでしょう。

　大切なことは、子どもを傷つけないようにすることではなく、傷ついてしまったことに気づいて、やさしく声をかけてあげることなのです。

ワーク－18：頭で考えるから《からだ》で感じるへ

　《からだの知恵》《からだの感じ》といわれても、「？？？」なんとなく、言われていることはわかるような…、わからないような……。

　この「なんとなく…」感じている「らしい」ことについて、一緒に考えてみませんか？

　「何のために？」「だから、それはどんな意味があるの？」という考えが出てくるでしょうが、そんな頭の理屈をちょっと横に置いておいて、少し遊んでみましょう。

【ねらい】《からだの感じ》に気づく

【人　数】1グループ、　4～5人

【準備物】A4コピー紙を9等分に折る

　　　　　※ 縦横3等分ずつに折り、開くと、9マスの等分の小さな四角が9つできる

　　　　　机

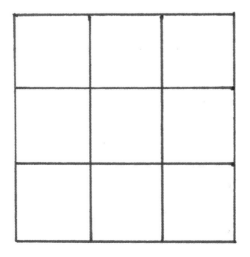

身体（からだ）のアンテナ

【手　順】
1. テーマを決める。
　　例：子どもとの関わりの中で、参加者が今気になっている事がらを決めるとよい。
　　　　「おこづかい」「しつけ」「おけいこごと」「兄弟姉妹」「子育てひろば」など
　　ここでは、仮にテーマを「子どものおもちゃ」として説明していく。
2. 折った紙の中央の枠に、「子どものおもちゃ」と書く。
3. 参加者は、「子どものおもちゃ」という言葉から、思いついたイメージを考え、残りの8枠に一つずつ書いていく。
　　例：1の枠に「プレゼント」、2の枠に「おじいちゃん・おばあちゃん」、3の枠に「手づくり」、4の枠に「空き箱、トイレットペーパーのような廃品」、5の枠に「値段」、6の枠に「子ども同士のつきあい」、7の枠に「ゲーム」、8のわくに「片付かない」というように、浮かんできた言葉を皆で入れていく。
4. 全員が、書き終わったら、お互いに見せ合い、感じたことを話し合う。

【ワークを終えて】
　こうして書き出してみると、「子どものおもちゃ」という言葉一つから、いろいろなイメージがわいてくることにびっくり。
　同じ、言葉でも「ワクワク感」と感じる人、「え〜、めんどう」とか「負担…」と感じる人など、それぞれとらえ方が違うということに気づきます。

「こんなにいっぱいの気持ちがある」ことがわかるだけでも、それは大きな収穫です。日常生活では、意識せずにやり過ごしている中で、自分でも気づかないうちに、ため込んでいて《ストレスに変わってしまっていること》に気づくきっかけになるからです。

【ちょっと一言】

　自分自身のからだや頭の中には、こんなにたくさんの《感じ》があることに気づきます。
　忙しい日常生活の中では、とりあえず「危ない！ケガをしそう」「泣いてしまった」「おむつが濡れた」などなど、目の前で起きている出来事を処理しているだけでも時間が飛ぶように過ぎてしまいます。
　自分でも気づかないうちに少しずつ《自分の中に満杯に溜まってしまうストレス》は、意外にも他愛のない小さなことの積み重ねであったりすることが多いように思います。自分の中の《ストレスさん》に「そこに、ちょっと嫌な感じがあるのわかったよ」と気づいてあげるだけで、少し硬くなったストレスが「わかってくれてよかった」とスーッと柔らかくなり、小さくなっていくのです。
　たとえば、心にゆとりができて「そうか、お誕生日プレゼントを考えているときに、なんだか重い気分になっていたのは、おもちゃが家の中にあふれすぎていることが、私には嫌だったのだわ」と気づく機会となるのです。

大人の気持ち、子どもの気持ち

ワーク-19：入れて、入れてあげない

　子ども同士のトラブル、先生の対応…。大人としては、子どもの気持ちを受け止めてあげたいけれど、子どもにも強くなってほしい。いろいろな思いが交錯します。

　たとえば、Bちゃんが「入れて！」って頼んでいるのに、Aちゃんは入れてあげない。「どうして、Aちゃんはそんなにイジワルをするのかしら？　Bちゃんは、気が弱くて今までずっとAちゃんに何も言うことができなかったのに、今日はやっと勇気を出して言ったのに…」。「これってイジメの始まり？」と心配してしまう…。

　《子どもの話を聴くことが大事》といわれ、自分も気をつけて話を聴いてきたつもりなのに、なぜか、子どもが反抗的。私の何が悪いの？子どもを責めたり、自分を責めたり…。私は、一生懸命あの子のことを心配しているのに…。

　こんな不協和音。《逆立った気持ちがスーッと和らいでいく》実感をワークで感じてみましょう。

【ねらい】先に遊んでいた子、後から入りたい子の気持ちを、
　　　　　実感として理解する
　　　　　話を聴いてもらえた心地よさを実感する

【人　数】8〜20人程度

【準備物】なし

【手　順】

1．2人組になり、親役、子ども役を決める。
2．全体（親役、子ども役）をA組、B組の2組に分け、親

役は部屋の両端で待機する。
3. A組の子ども役は、部屋の中央で遊ぶ。
   例：かごめかごめ、ハンカチ落としなど、遊びは参加者が決める。
4. 3の遊びが楽しそうになったら、B組の子ども役は、「入れて！」と遊びに加わろうとする。
   ※ このワークでの約束事
     A組の子ども役は絶対に入れてあげない。B組の子ども役はどうしても入ろうとする。
     親役は子ども同士のトラブルが起きても、口を出さずにただ、見ている。
5. A組とB組の子どもたちが、「入れて！」「入れてあげない！」とケンカのようになってきたところで、ファシリテーターが《先生役》として登場する。先生役は、《子どもたちの言い分に耳を貸さず、理不尽な対応》をして、子どもたちを親元に帰してしまう。
   例：「また、ケンカをしているの！どうしていつも仲良く遊べないの。仲良く遊べない子は、お家に帰りなさい！」と、戸を閉める真似をする。
6. 子どもたちは、それぞれ自分の親の元に帰り、《今、起こった嫌だったこと》を親役に言いつける。
7. 親役は、ひたすら子どもの訴えに耳を傾ける。
   ※ このとき《2分間》は、親は《決して意見を言わず》相づちのみで、一生懸命に子どもの訴えに耳を傾けることを約束事とする。
8. ファシリテーターの《2分経過》の合図後、親役は親として言いたいことを1分間子ども役の子どもに向けて話す。

9.　親役・子ども役を交替する。
10.　親役、子ども役それぞれの感想を話し合う。

【注意点】

　参加者の中には、このワークが過度に響いてしまうことがあるかもしれません。今現在、人間関係でとてもつらい思いをしている人がいるかもしれないし、小中学校の授業で安易に取り上げることにより、隠れていたイジメがさらに激化することにつながることもないとは言えないからです。慎重な配慮をお願いいたします。

【ワークを終えて】

　このワークは、《人の話しを聴くための練習》として、《親の気持ちを理解するための体験学習》として、《子ども同士のトラブル時の双方の子ども理解》など、ポイントの置き方次第で、いろいろに応用できます。下記に、いくつかのポイント例をあげてみますが、読者の皆様の必要に合わせて工夫をしてみてください。

《子ども同士のトラブル理解に》

　先に遊んでいた子ども役をやってみたところ、「本気で入れてあげたくない気持ちがよくわかった」「なぜって、この遊びは私たちがやりだしたものだから」「せっかく、面白くなってきたところなのに、邪魔されたくない。やりたければ、そっちも自分たちで遊びをつくればいいじゃないの!」と、《絶対、自分たちの遊びを守りたい》気持ちが強く感じられます。子どもにとって、《遊び》は何よりも大事なことなのですから…。

　一方、「入れてほしい」側の子どもの気持ちも、ゆずれません。

「いれて！」という決まり文句を言ったのだから「入れてくれなければいけない」という正義（？）が後押しをしてくれるので、大人が仲裁に入ってきた時には「やったー！味方してくれる。あの子たち悪い子だから叱って！」と依存する気持ちが膨らんでくる感覚もあるでしょう。

　これは、もしかしたらいつの間にか大人が作ってしまった《遊び方の枠組み》であって、《子どもたちが自ら解決していく力》とは違うのかもしれません。このワークをきっかけに、参加者同士で《子どもたちが自ら解決できるようになるために》何が必要かを考えるきっかけになるといいですね。

《親の気持ち理解に》

　子ども同士のやり取りを見ているとき、また　我が子が「ママー！」と泣きつき訴えてきた姿をみて、親役だったあなたは、どんな気持ちが沸き起こってきたでしょうか。「なぜ、入れてあげないのかしら？」「入れてもらえなくて、あの子は悲しい気持ちでいるのだわ」「あんなことを言う先生、許せない！」など、《子ども自身のこと》なのに《親役自身がわが身に起きた出来事のようなリアルな感情》でいっぱいになってしまう。《一見、客観性の持てない、ただ感情的なだけ》なことのように思えますが、これこそ《親になってみて初めて感じる》不思議な感覚なのです。親（保護者）理解の第一歩は、この気持ちを理解することから始まるのです。

《相手の気持ちをわかる話の聴き方として》

　「ママ、あの子たちったらイジワルなの…！」。子ども役が必死で訴える言葉を聴いているうちに「あなたの気持ちはわかるけれど、でも、あなたの方にも悪いところがあったの

じゃないかしら？」「どうして入れてあげなかったの？」などの言葉を言いたくなったのではないでしょうか。《たった2分間黙って聞く》ことが、こんなに難しいことだとは…。

　このワークを体験してみると、《たった1分程度》で子どもたちが訴える声のトーンが下がってくるのがわかります。子ども役からは「黙って聴いてくれて、言いたいことが全部言えた」「訴えているうちに気持ちが落ち着いてきた」との言葉が聞かれます。一方の親役からは「聴いているうちに、子どもの気持ちが伝わってきた」「はじめは《ちゃんと言い聞かせなければ》という気持ちがあったのに黙って聴くうちに、親自身の気持ちも納まってきた」という声が聞こえてきます。

　《聴いてもらえるうれしさ》を実感することで、《傾聴の練習》の第一歩として活用できます。

大人の気持ち、子どもの気持ち

ワーク－20：大人の願いと子どもの思いの食い違い

「大人として、この子たちが困らないように、きちんと教えてあげようと思っているのに、あの反抗的な態度はナニ！」「親に向かってなんていうことを言うの」「子どもは、ちゃんと大人の言うことをききなさい！」と大人側の気持ち。一方、「ママはいつも私を思い通りにさせようとしている…。ダイキライ！」「いつも怒ってばかりで、いったいママは何を考えているのかわからない！」と子どもの気持ち。

どちらも、相手を大切に思っているのになぜかくいちがってしまう。そしてイヤ〜〜な気分だけが残る。そんな毎日が続くと、とても子育てなんか楽しく思えなくなるかもしれません。「はてさて、子どもの気持ちも大人の気持ちもよくわかる、何か良い方法はないかな?」そんなとき役立つワークです。

【ねらい】大人の態度が、子どもに与える影響に気づく
【人　数】3人一組
【準備物】記録用紙（87ページ）
　　　　　筆記用具
　　　　　参加者が多い時は模造紙（白色全版）
【手　順】
1. 3人一組になり、それぞれ大人役、子ども役、2人を客観的に見守る役（観察者役）となる。
2. グループで、「日常生活で子どもたちが言うことを聞かなくて困っているテーマを選ぶ。
　　例：歯を磨かなくて困る。かたづけをしない。宿題をやろうとしないなど
3. 親役は、次の3通りの対応をする。

対応1→大人が主体（指示的な態度で）
　　　対応2→子どもが王様（褒めておだててみる）
　　　対応3→子どもの気持ちを伝え返す。
4. 親役が3通りの対応を体験後、役割を交代する。
　　対応1　大人が主体の子育て（1～2分間）
　　① 子ども役が遊んでいると、親役は子どもを見て即座に「指示」をする。
　　② 子ども役は親役の対応に対し、感じたままを応える。
　　　例：親「さあ、遊んでいる玩具を片付けて！　寝る用意をしなさい！」
　　　　　子「えー、もっと遊びたい」
　　　　　親「何言ってるの！いつまでも遊んでいると、明日、遅刻しちゃうでしょ」
　　　　　子「ヤダー！…」
　　③ 子ども役が、素直に片付ける気持ちになったら終了。
　　※ 親役も子ども役と折り合いがつかない場合は、1～2分で終了。
　　※ 見守り役が、タイムキーパーになってもよい。
　　対応2　子どもが王様（1～2分間）
　　① 親役は、子どもをおだてて、子どもに言うことを聞いてもらおうとする。
　　② 子ども役は、親役の態度に応じて、感じたままを表現する。
　　　例：親「〇〇ちゃん、そろそろお片付けの時間になったけど…」

子「イヤ！もっと遊ぶ！」
　　　親「あら、困ったわね。どうしたら片付けてくれるのかしら？」
　　　子「えーと、これ全部、作り終えたら…」
　　　親「えー、困ったなあ。遅くなると明日の朝、起きられなくなっちゃうよ」
　　　子「平気、ママもそっち側作ってちょうだい」
　　　親「そうだ、片付けてくれたらご褒美に新しいお洋服を買ってあげるから」
　　　子「お洋服買ってくれるの。わかった。これ全部作ったら終わりにしてあげるから」
　　　親「…」
　③見守り役は大人と子どもの関わりから生じる雰囲気を観察。1〜2分で終了。

対応3　子どもの気持ちを伝え返す（2〜3分）
　①子ども役は対応1と同じように遊ぶ。
　②親役は、子どもの行動、しぐさ、言葉、表情などをできる限り、真似るように、表現していく。
　　例：親「おや、ソレ楽しそうね」
　　　　子「うん、楽しいよ」
　　　　親「なるほど、ずいぶん長くつなげたから楽しい？」
　　　　子「うん、そう」
　　　　親「そうか、ところで、そろそろ片付けて寝ないと、明日大好きな園に間に合わなくなっちゃうね。どこまでやったら片付けることにする？」

　　　　子「えー、やめたくない…」
　　　　親「やめたくない…って気持ちなんだね」
　　　　子「うん、ずっとやっていたい!」
　　　　親「そう、ずっとやっていたい…って気持ちはわかった。それで、明日の園はどうする?」
　　　　子「園には行く!」
　　　　親「園には行きたい。この遊びもずっとやっていたい…」
　　　　子「うん…」「あと、この角までつなげたら、今日はおしまいにする」
　　　　親「うん、この角までつなげる。わかった」
5. 役割を変えて同様に行う。3人が、すべて、3通りの大人役をすると、全部で9回することになる。
6. 記録用紙に、9回すべての役のときの気持ちを記入し、話し合う。
　　※ 参加者が多い時は、大きな紙（模造紙）に同じ表を書き、各自が丸を付けていく。

【ワークを終えて】
　ワークを体験してみると、対応1《大人が主体（指示的態度）》のときの子ども役は「絶対に言うことをききたくない!」「大人が怖い」など、反発や恐怖の気持ちが強いことがわかります。一方大人役も「いうことはきかせたけれど、なんだか後味が悪い」気持ちが残り、双方共に記録用紙には、否定的な評価が多くつけられます。
　対応2は一見、子どもの気持ちを受け止めているように見えますが、意外にも子ども役の気持ちは「大人がいうことをきいてくれるから、もっと意地悪したくなった」「大人が何

を考えているかわからない」「自分でもどうしたらよいかわからなくなった」と、あまり好評価は得られません。大人役は「子どものわがままにすごくイライラした」「自分でもこの先どうしたらよいかわからず、とても困った」と低い評価が多くみられます。

　対応3の《子どもの気持ちを伝え返す》においては、子ども役からは「大人が自分に付き合ってくれて嬉しかった」「大人の言葉が素直に耳に入ってきて、自分から行動する気持ちになった」など好感度が高く、大人役からも「子どもが考えていることがわかって、やりやすかった」「親自身が決めなくてもよいので、気が楽になった」などの感想が得られます。

　こうしてみると、《指示的態度》では大人側の主体はあるけれど、子どもの気持ちは後回し、《子どもが王様》のときは、子どもの主体はあっても、大人の意思はなく、親子共に先に進めない。《子どもの気持ちを伝え返す》では、子どもも大人もどちらも主体性があり、認め合うことができることがわかります。

【ちょっと一言】

　　《受けとめる》と《言いなりになる》は違います。
　育児書や子育ての専門家に「子どもを受けとめましょう。」といわれると、大人としては「叱ることは子どもを否定するので、いけないこと？」と思い違いをしてしまうことが多々あるように思います。《言いなりになる》は、子どもの要求を《言葉どおり》にきくことです。例えば「アイスクリームを買って！」の要求に対し、どんな時でも「は

いはい」と買い与えてしまうことです。《受けとめる》は、「アイスクリームおいしそうね。食べたいわね。ママも食べたい。でもね、こんな寒い日にアイスクリームを食べたら、おなかの中も寒くて、痛くなってしまうかもしれない。もっと暖かい日に食べましょう」と子どもの気持ちを受けとめ、思い通りにならない子どもの葛藤に大人も付き合ってあげることです。

ワーク－20：記録用紙

子どもの立場にたって「褒められる」ことについて考える

【大人の３つの態度によって起きてくる感情をてがかりに子どもとの関わりを考える】
それぞれの役割の中であなたが、どんな気持ちになったかを一言、書いてみましょう。
(数字５は肯定的、１は否定的な気分を尺度で表してみましょう)

	指示的態度	子どもが王様	子どもの気持ちを伝え返す
子ども役の時	5　4　3　2　1	5　4　3　2　1	5　4　3　2　1
大人役の時	5　4　3　2　1	5　4　3　2　1	5　4　3　2　1
観察者の時	5　4　3　2　1	5　4　3　2　1	5　4　3　2　1

大人の気持ち、子どもの気持ち

ワーク−21：仲裁と仲介

「毎日毎日の兄弟ゲンカ、なんとかならないかしら」「子育てひろばに行っても、他の子の遊んでいる玩具をとってしまったり、逆にとられたりして、親としたら気が気じゃないわ」まだ幼い子どもたちにとって、こんなトラブルを避けてはとおれません。子どもにとって、大事な体験であることは理解しようと思うけれど、親はいつも殺伐とした気持ちになってしまう。こんな時に役立つワークを紹介しましょう。

【ねらい】大人による［**仲裁**］と［**仲介**］の違いを知る
【人　数】3人一組
【準備物】記録用紙（91ページ）
　　　　　筆記用具
　　　　　参加者が多い時は模造紙（白色全版）
　　　　　風船（フウセン）
【手　順】
1. 3人一組になり、それぞれ親役、先に玩具で遊んでいてその玩具を貸してあげない子ども役、後からやってきて玩具を貸してもらいたい子ども役になる。
2. 親役は、同じメンバー、同じ状況で、以下の2場面を続けて演じてみる。
　　①1回目は、《親が解決してあげようと思って介入していく》［**仲裁**］
　　　例：「風船は一つしかないのだから、交替に使いなさい」
　　　　　「だったら、2つある違う玩具で遊べばいいじゃない」

② 2回目は、《親が解決しようとせず、子どもの言い分をそのままもう一人の子どもに伝え、もう一人の子どもの言い分も相手の子どもに伝える》[**仲介**]

※当然、子どもたちは反論するので、親は、どちらの味方もせずに、根気よく両者の言葉をそのまま、相手に対して伝え続ける。

※行き詰ったら、親も一緒に「困ったね～」と困ってあげる。

例：親「何か困っている？」
子どもB「風船を貸してくれないの」
親「Bちゃんが風船を貸してくれないのって言ってるよ」
子どもA「だって、まだ風船で遊びたいもん」
親「そう、Aちゃんはまだ風船で遊びたいって言ってるよ」
子どもB「だって、私だって遊びたい！」
親「Bちゃんも遊びたいって言ってるよ」

3. 役割を交代し、3人共に全ての役を演じる。
4. 記録用紙に、すべての役のときの気持ちを記入し、話し合う。

※参加者が多い時は、大きな紙（模造紙）に同じ表を書き、各自が丸を付けていく。

【ワークを終えて】

　ワークを体験してみると、《大人（親）が解決しようとしたとき［**仲裁**］》には、子ども側は、「なぜ？」「勝手に決めないで！」と納得できない気持ちが強くなり、大人役にも相手の子ども役にも《防衛的な態度》が生まれることがわかります。子ども役は「意地でも貸したくない」気持ちも強くなり、大人役の言葉に《耳をふさぎたい》気持ちです。大人役はそんな子ども役にますます《自分の正義》を振りかざそうとします。

　一方、《ただ、それぞれの言い分を伝えただけ［**仲介**］》のときは、子ども役には「ちゃんと自分の意見を聴いてくれている」と《安心した気持ち》が生まれてきます。すると、《守りの姿勢》がゆるみ、相手の子ども役の言い分や大人役の言葉が《スーッと心に届く》ようになります。いつの間にか、素直な気持ちになり、《自分をふりかえるゆとり》が生まれてきます。

　「いつまで伝え返していればいいの？」と大人役が行き詰って「困ったね～～」と言う頃には、子ども役たちはすっかり素直になって「そしたら、10回ずつ交替にしよう」「わかった！」など、自分たちで解決しようとする気持ちが生まれてくることも体験できることでしょう。

ワーク−21：記録用紙
子どもの立場にたって「大人の仲裁と仲介」を感じてみる

【大人の２つの態度によって起きてくる感情を手がかりに子どもとの関わりを考える】
それぞれの役割の中であなたが、どんな気持ちになったかを一言、書いてみましょう。
（数字５は肯定的、１は否定的な気分を尺度で表してみましょう）

	解決してあげようとしたとき 仲裁	２人の気持ちを伝え返したとき 仲介
先に遊んでいた子ども役の気持ち	5　4　3　2　1	5　4　3　2　1
後から入ってきた子ども役の気持ち	5　4　3　2　1	5　4　3　2　1
大人役の気持ち	5　4　3　2　1	5　4　3　2　1

自分と付き合う

ワーク− 22：嫌いな自分のクセと上手に付き合うために

「宴会などの席になると、つい調子に乗って悪ふざけをしてしまう」「たまっている仕事があるのに、パソコンを開くとついゲームに夢中になり仕事が終わらない」「着る服があるのに、流行が気になって次々と新しい服を買ってしまう」など、《このクセがなければ》私の生活はもっと良くなるのにと思うことって、ありませんか？　そんな自分としては嫌いなクセとの付き合い方を考えてみませんか。

【ねらい】自己肯定感を高める
【人　数】1グループ、5〜6人
【準備物】なし
【手　順】
1.　一人が話し手になり、他のメンバーは聴き手になる。
2.　話し手は、自分の嫌いなクセについて話す。
　　※ その際、嫌いなクセのことを、《ソレ》とか《ソイツ》などで表す。
　　例：「たまっている仕事があるのに、パソコンを開くとついゲームに夢中になってしまう。《ソレ》がチョットだけだから…とささやくんだ。チョットだけと思っても、やりだすとついつい夢中になって、気が付くとあっという間に1〜2時間たってしまい、仕事をする時間がなくなってしまう」
3.　聴き手は、順番に《ソレ》について質問をしていく。
　　例：質問「ソレによって、どんな悪い影響が出てくるの？」

　　　　応答例「面白くなって、気が付くと疲れて集中力が
　　　　なくなってしまう」
　　　　質問「どういう場面で、ソレにはまってしまうの？」
　　　　応答例：「やらなければならない仕事がたくさんで、
　　　　期限が迫っているとき」
4.　《ソレ》に対して、グループみんなでかわいい名前を考
　　える。その中から、話し手が一番、気に入った名前を《ソ
　　レ》に命名する。
　　　※ ピコちゃん、トトくんなどなるべくかわいい名前が
　　　　良い。
5.　その名前で、更に質問をしていく。
　　　例：〇〇ちゃんは、どこに住んでいるの？
　　　　　〇〇ちゃんは、何を食べているの？
　　　　　〇〇ちゃんが好きなことは？　嫌いなことは？
　　　　　〇〇ちゃんの得意なことは？
　　　　　などなど、思いつくままに質問をする。
6.　質問が出尽くした頃、更に以下の質問をする
　　　① 〇〇ちゃんがいるおかげで、助かっていることは？
　　　② 〇〇ちゃんは、100％悪者なのか？
7.　〇〇ちゃんとの付き合い方を考える。
　　　※ 参加者は、思いつく付き合い方を提案し、話し手が
　　　　納得する方法を選ぶ。
　　　例：追い出す、やっつける、手なづける、無視する、か
　　　　わいがっちゃうなど。
8.　もし、7の付き合い方をするとしたら、日常生活はどう
　　変わるかを考える。
9.　感想を話し合う。

【ワークを終えて】

　自分ではそうしたくないのに、ついやってしまうのは意思の弱い自分がいけないから。そう思ってしまうと、そんな自分がどんどん嫌になってしまいます。まるで、自分全体がその嫌なクセばかりでできているような気がしてしまいます。

　でも、本当にそうでしょうか？　自分自身がとっても元気で調子のよいときは、もっと《好き》な部分もあるのではありませんか。

　しかし、毎日が忙しかったり、失敗することが続いたりすると、どうしても、マイナスイメージの部分が大きく占めてしまい、自分自身がマイナスの人のような気がしてしまうのです。このワークは、《自分イコール嫌いなクセ》と思ってしまいがちなときに、「自分の中に、こんな子（部分）もいるね。でも、本当に《ソレ》は、悪者なの？案外、《ソレ》がいるおかげで、助かっていることってあるかもしれないね」と、ちょっと、離れて、《ソレ》をながめるだけで、「うん、なかなかいいヤツかもしれないな。まあ、なかよくやっていこうかな」という気持ちになれることでしょう。

ワーク−23：心のごちゃごちゃどうしよう

　「最近、イライラしてばかり」「だって、やらなければならないことがいっぱいすぎてどれにも集中できない」「ストレスが多くて、じっくり考えることなんかできない」
　誰にでもあるこんな時。ストレスの原因がなくなればいいけれど、なくすわけにいかない。
　そんな時、このワークをやってみませんか。「現実にはなくならないけれど、ゆとりをもって対処する」ことができることでしょう。

【ねらい】自身の内にたまっている《気がかり》に気づき、心にゆとりを持つ
【人　数】1グループ、3人（一人で作業を行い、その後3人一組となる）
【準備物】A4コピー用紙
　　　　　筆記用具
　　　　　机
【手　順】
1.　静かに深呼吸をし「今、《気がかり》なことはないかなあ？」と自分に尋ねてみる。
　　※このとき、しぜんに《気がかり》が浮かんでくるのを待つようにする。
2.　浮かんできた《気がかり》は詮索せずに「他にないかな？」と再び自分に尋ねてみる。
　　※6からはグループ内でこの内容について、話の聴き方の練習になるため、内容に触れられたくない場合は、その気がかりに名前を付けてみる。

例：「これは窮屈な感じだから《Q》と呼ぶことにしよう」というように、自分だけにわかる名前を付けてみる。

※ 《気がかり》が出てきたら、箇条書きにメモしておくのもよい。

3. 「他には、もうないかな？」と、再度自分に尋ねてみる。
    ※ 《気がかり》は、
    ・ 「朝食のお茶碗を洗ってこなかった」「洗濯物がたまっている」というように、日常の些細な事でも、出てきたら書き留めてみる。
    ・ 「子どもたちのこと」と大きくまとめてしまわずに、次男の友だち関係、それにまつわる親たちのうわさ話、長男の塾の先生、長男の成績のこと、というようにできるだけ、具体的にするとよい。

4. 浮かんできた《気がかり》を紙の上に置くように描いてみる。
    ※ 紙を部屋のように見立て、真ん中に自分を置き「さて、《Q》ちゃんをどこに置こうかな？私の右後ろにしようかな。色は深緑にして、形は角ばった五角形かな…」というように、出てきた《気がかり》たちを全て、紙の上に置いていくように描いていく。

5. 全て、描き終わったら、全体を眺めてみる。

6. 自分の描いた絵をグループの2人に見せ、自分の描いた《気がかり》について話し、聴いてもらう。
    ※ 話し手は、絵を見せながら、相手にわかってもらおうと思って話す。
    ※ 《気がかり》の内容は話す必要はなく、「この黒い

ゴツゴツしたかたまりが邪魔でどこかにいってほし
　　　い」など、《気がかりの感じ》を話してもよい。
　※ 聴き手は、話し手の言うことを、一生懸命に「聴こ
　　うと思って」聴く。
　　　・ 話し手が話すことに、うなづいたり、相づちを
　　　　うったりする。
　　　・ 「そうそう、そういうことあるね。私も…」など、
　　　　話を中断しない。
　　　・ 批判したり、忠告も避ける。
　※ 参考：ワーク 24：口を挟まないで、黙って相手の話
　　を聴く（102 ページ）
【ワークを終えて】
　「えー、気がかりなんか思いつかない」と言いながらも、「まず、忙しくて部屋の片づけができないことかな…」「それから、えーと上の子の塾の成績が気になるというか、あまりやる気がないことに腹が立つのよね」「それから…」と…。
　「書き始めると次々と浮かんでくるのは、おもしろいですね」との声も聞かれます。
　「書き終わってみると、《○○》が一番大きなストレスだと思っていたけれど、それより、《△△》の方が私を不安定にしていたことがわかった」と大きな気づきがあることもあります。
　参加者からは、「家庭内のことを他人に知られたくないから《このイライラ》とか《ゴチャさん》のように名前をつけて書けることや、事柄を話さなくてもそのモヤモヤした感じだけをわかってもらえるので、とても安心だし、気持ちが落ち着いて楽になった」との感想も頂いています。

【ちょっと一言】

問題と適度な距離をとる

　自分としては「これは絶対嫌！」なことや心配ごとがあるとき、寝ても覚めてもいつも、頭からそのことが離れないという経験はありませんか？　問題の大小に関わらず、「とにかく《ソレ》が気になって仕方がない」のです。周りの人が「《ソレ》は仕方がない事なのだから…」と言ってくれても、自分自身でも「もう、考えないようにしよう…」と思っても、気になってしまうのです。まるで、《ソレ》が《大きなゾンビ》のように自分に覆いかぶさってくるような、吸い込まれてしまいそうな気さえしてしまいます。この状態は、《ソノ問題》と自分の気持ちとの距離が近くなりすぎているために、自分が押しつぶされてしまいそうな状況になってしまっているのです。

解決するには、《ソノ問題》を遠くに追いやることでしょうが、現実には必ずしも問題を追い出すことも遠くに離すこともできません。そんな時、自分が〈嫌だと感じているその感じ〉をちょっとからだの外に出して、眺めてみると、「なるほど、こんなにたくさん気になることがあったのね。それにこんなに《ソノ問題》は大きかったんだ…」とわかります。それだけでも、張っていた肩の力がぬけて、ラクになるのです。

　その上、もし、そんな〈自分の感じ〉を「うん、うん、そんな感じがあったのね」と優しく耳を傾け聞いてくれる人がいたら、どんなに、心が軽くなるのでしょう。

　このワークは、考えても解決できない心の中の《うまく言葉にできないけれど確かにある気になる感じ》と程よい心の距離をとるワークです。

　現実にはなくならないけれど、《ソレ》と程よい適度な距離をとることができれば、自分にとっても、問題の《ソレ》にとっても、「あー、私は《ソレ》のこういうところが気になっていたのね。だったら、どうしたら気にならなくなるのかな」と考えるゆとりもできるのです。

支援に役立つ話の聴き方、伝え方、事例検討

ワーク−24：口を挟まないで、黙って相手の話を聴く

　「困ったことがあるときは、一人で悩まないで私に話してね」「いつでも聴きますよ」と言っていたあなたが、「わかるわかる。私もそんな経験があるわ。うちの場合にはね…」と、共感して聴いているつもりだったのに、いつのまにか《自分の話》に夢中…、聴いてほしいはずの人が聴き手になってしまっている…。

　このワークは、《何か言ってあげたくなる》あなたのやさしさをもう一歩、相手の側に寄り添う聴き方に近づけるための練習です。

【ねらい】何か言いたくなる自分に気づく

【人　数】1グループ、3人

【準備物】なし

【手　順】

1. 話し手（Aさん）と聴き手（Bさん）と観察者（Cさん）になる。話し手、聴き手、観察者は順番に役割を交代する。
2. 話し手は、自分が相手に聴いてほしい3分程度の話題を選び、聴き手（B）に向かって話す。
　　例：子どものおもらし、子ども同士のトラブル、夫の子育てへの無関心など
3. 聴き手（B）は、次の二通りの聴き方をする。
　　① 相手の話の中から共通点を探して、話を続けようとする。（挿絵）
　　② その人の気持ちを受けとめながら、何も言わずに聴く。

※ あいづちはいいが、自分の意見ははさまない。
4.　観察者（C）は、その場の雰囲気を客観的に感じる。
5.　話し手の話を二通りの聴き方で聴いたのち、その時の話し手、聴き手、観察者の感想を3分程度話し合う。
6.　役割を交代し、同様に行う。
【ワークを終えて】
　ワークをしてみて、どんなことに気づかれましたか？
　聴き手になったとき「話しを聴いているうちに、そうそう、私もそんな経験ある。そんなときはね…とつい、自身の体験や考えを言いたくなってしまう自分を我慢するのが大変だった」と思った方は多いと思います。相手の悩みをわかろうとし「大丈夫よ。私だって同じなのよ」と安心させてあげたい気持ちや話をもっと盛り上げたいと一生懸命な気持ちがそうさせるのかもしれません。しかし、「私もね…」と介入した時点から《目の前の相手ではなく、聴き手である自分が話をリードしてしまうことになる》ことに気づかなければなりません。今は話し手の気持ちに耳を傾けることが一番大事なのに、聴き手自身の話題に移すことで自分が主人公になってしまい、話を聴いてほしいはずの相手は《おいてけぼり》になってしまうのです。しかたがなく話し手が聴き手になってしまうのでは、本末転倒。同じような話題であっても、話し手が本当に伝えたい気持ちとあなたの思いとは同じではないからです。

ワーク－25：相手の気持ちに寄り添う話の聴き方

　こちらとしては、誠心誠意、一生懸命に相手の話を聴き対応しているつもりなのに、なぜか、相手は心を開いてくれない。「私は人好き合いもお喋りも好きなはずなのに、なぜか人の話がうまく聴けないみたい」そんな悩みをよく耳にします。一方「うんうん、だけでは、私の話を聴いてもらっている気がしない」「自分の話したことを相手はちゃんと受け止めてくれているのかしら」という話も聞いたりします。このワークで、話し手と聴き手の気持ちのずれをなくすための練習をしてみましょう。

【ねらい】話す人の気持ちと共に居ることの大切さを知る
【人　数】1グループ、3〜4人
【準備物】小さな紙＝4等分にしたA4コピー用紙を一人3〜
　　　　　4枚
　　　　　クレヨン、色鉛筆
【手　順】
1. 話し手（Aさん）と聴き手（Bさん）（Cさん）（Dさん）になる。話し手、聴き手は順番に役割を交代する。
2. 話し手は、自分が相手に聴いてほしい、5分程度の話題を選ぶ。
　　例：隣人とのトラブル、夫婦のいきちがい、子どもの学校への不満、保護者からの苦情など、スッキリしない事がらをとりあげるとよい。
3. 話し手Aが話したい話題について一区切り、あるいは聴き手Bが覚えていられる分量だけ、聴き手Bに向かって話す。

4. 聴き手Bは、Aが伝えたいと思っている気持を感じて、Aが訴えていることのエッセンスを伝え返す。次にAはCに向かって話し、CがそのエッセンスをAに伝え返す。次にDに、そしてBにと、聴き手は交替しながらAの話を聞いていく。Aは伝え返しをしてもらいながら、B〜Dへと順番に話をしていく。（慣れないうちは、話し手が話したことをそのまま伝え返すことから練習する）

    ※ 「あなたの話したことを正確に受け止めたいので、繰り返しますね。もし、抜けていたり、違っていたら教えてください」と言ってから伝え返してもよい。

    ※ 話し手の話が長くて覚えられそうになかったら、「ここまでのところを伝え返してもいいですか」と言葉をはさんでもよい。

5. 話し手Aが話し終わったら、聴き手B、C、Dは今話された話を《話し手Aさんの身になって》感じてみる。そして、浮かんできた言葉・イメージを小さな紙に描く。

6. 話し手も、今自分が話した事がらを《自分のからだに響かせて》感じてみる。そして出てきた言葉・イメージを小さな紙に描く。

7. B、C、Dは、順番に今描いた紙をAに読み上げなら渡す。

8. Aは、聴き手から渡された紙と自分の紙をつきあわせて、出てきた感じを聴き手たちに伝え、話し手を終わりにする。

9. 同じように、Bが話し手、C、D、Aが聴き手となり、同様に練習する。

【ワークを終えて】
　「話し手が訴えているエッセンスは何？と考えると難しくて何も言えなくなる」「話し手の言葉を繰り返そうとすると、覚えることに一生懸命になって、相手に寄り添えなくなる」など、やりにくさをたくさん感じたことでしょう。そんなときは、ただ「うんうん」とうなずくだけでもよいのです。何よりも大切なことは《目の前の人の気持ちを受け止めて、その場に共に居る》ことなのです。でも《ただ、共に居る》それだけの間にも、聴き手は《何とかしてあげたい》という気持ちが働きますからいろいろなことを考えてしまいます。それが、みなさんが体験された様々な《やりにくさ》です。目の前の話し手が《自分で動き出せるように》聴き手は《ベンチに共に座り、話し手の見つめる目の先を一緒に見、感じている》それだけで、話し手にとっては大きな支えになるのです。決して話し手の心にズカズカと土足で踏み入るようなことはせず、「あなたの気持ち、私にちゃんと伝わっているよ」と話し手に伝えるために、《訴えていることのエッセンスを伝え返す》のです。話し手になったとき「しっかり話をきいてもらえた！」「気持ちがラクになった」と感じられたのは、自分（話し手）の気持ちを《評価する》《批判する》《なぐさめる》《同情する》《解釈する》《意見する》などの《余計なお世話》をせずに、受け止めてもらえたからです。

【ちょっとヒント】

3人での練習

聴き手は少し練習が必要なので、3人が代わる代わるに聴き手役を交替しました。

そうすることで、自分以外の人が聴き手役をしているときに客観的に「なるほど、あのように伝え返せばよいのか」と参考にしながら、自分に順番がまわって来たときに《試してみる》ことができるのです。

何より大事なことは、聴き手は誠意をもって一生懸命に伝え返しをしようとする姿勢です。たとえ、間違えてもいいですから…。途中でわからなくなったり、あやふやな時は「…ですか？」とか「ここのところをもう一度言っていただけますか？」と尋ねてもいいのです。話し手の身になって、「気持ちを大切に受けとめ」、伝え返してみましょう。

【ちょっと一言】

　幼稚園から帰ってきた子どもが「今日一人で遊んだの」というと「えっ、どうして？　いつも仲良く遊んでいる○○ちゃんや△△くんと遊ばなかったの？」「喧嘩したの？」等、ついつい立て続けに質問していませんか？

　「指しゃぶりがひどいんです」との相談に「えっ、それは歯並びにも影響するし、治しておいた方がいいわよね」と即座の返答したり、「おねしょが治らなくて」と言われると「それは小児科にすぐいった方がいいわよ」と紹介したり、自身の中で即座に解答を出してしまいがちではありませんか。

　《親》《教師》《相談者》等の役割を背負う立場になると、つい「一人で遊んだ」や「指しゃぶり」、「おねしょ」などの相談された事柄に対する答えを出さなければならないという責任感や何とかしたいという親心が、解答を急がせてしまうのかもしれません。

　でも、子どもからしてみると「今日は一人で、ゆっくりと大好きな虫をみていたんだ」とその話をしたかったのかもしれませんし、相談してきた母からしてみると「先日子どもをひどく怒ってしまったので、そのせいで指しゃぶりしているのかもしれないと思って」と怒ってしまった自身のことを話したかったり、「おねしょの後始末に追われて嫌になっちゃう」と愚痴を言いたかったのかもしれません。

　あなたの《役に立ちたい気持ち》がかえって問題を大きくしたり、気持ちのすれ違いを起こす瞬間です。ここで大切なことは、初めにしっかりと「一人で遊ぶ子ども」や「おねしょ」という事柄ではなく、それを心配している目の前の相手（母親、保護者）の気持ちに焦点をあてて、話を聴くことなのです。

　特に相談を受けるときには、相談者が躊躇することなく、自身の気持ちをそのまま話せるような安心の場を作るためにも、相談の事柄（たとえば、子どもの問題）に焦点をあてるのではなく、その人の気持ちをわかろうとする姿勢が必要となるでしょう。すぐに答えを出そうとせず、その人の気持ちに寄り添って傾聴すること、相談者が言いきるまで聴く勇気（度胸）を持つことも必要かもしれません。ついつい、相談を受ける側の気持ちが相談者より大きくなってしまうと、《この人のために》との《おせっかい》が湧きおこりがち…

　「教えてあげなければ」「助けてあげなければ」「気づかせてあげたい」「私の経験を伝えてあげたい」「解決してあげたい」…けれど、答えを導き出す力は、本人の心の中にあるのです。その力を引き出すのが大切なことかもしれません。

ワーク−26：セリフをふやそう

わが子とのやりとりで《つい言ってしまう言葉》…、後から振り返ると「ああ言えば良かった」「言いすぎちゃったな」と思うことはありませんか？他の親たちの対応を見ていると、「あんな風にしたら良かったのかな」「私もできたらね〜」と思ってしまうこともありますよね。親子だから分かり合えているはずとの思いが、言葉の数もついつい減らしてしまっているのかもしれません。でも、子どもへの声掛け（セリフ）をたくさん持っていたら、それを使って、わが子との関係もちょっぴり変わるかも知れません。これはそんな言葉や文章を増やすワークです。

【ねらい】ここちよい親子の会話を広げる

【人　数】1グループ、3〜4人

【準備物】コピー用紙（A4）クレヨン、筆記用具

【手　順】ファシリテーターの言葉がけに従って、進めていく。

1. 最近、イライラしたことの情景を思い浮かべ、その時湧き起こってきた感情（怒りやむなしさ等）を思い出す。
2. 思い出した気持ちを色や形で紙の上に表してみる。

    ※ 紙の上には、指が勝手に選んだ色で、ぐるぐる、ぐしゃぐしゃ、もやもやなどの気持ちを描いてみる

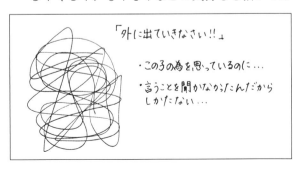

3. その時、子どもに対して発した言葉を、2の紙の上に書きくわえる。
4. 「そんな気持になってしまった自分に、どんな言葉をかけてあげたいですか？」という言葉がけで、自身の内側に静かに聴いてみる。
5. 出てきた言葉を2の紙の上に書きくわえる。
   例：いうことをきかなかったんだから、仕方ないよね。
   いつも同じことを言わせて、うんざりするよね。この子のためを思っているのに
6. クレヨンから、鉛筆やボールペンに持ち替えて、他にどんな言葉がけができたかなと考え、3つぐらいの言葉をそこに書き込んでみる。
7. その紙を見せながら、どんな言葉が出てきたか、一人ずつグループの仲間に話してみる。
8. その紙を右（左）隣の人に回す。受け取った人は、「自分ならどんな言葉をかけられるかな」と考え、思い浮かんだ言葉を書き入れる。
9. 他の人からの言葉をもらった後、今の気持ちをみんなで話し合ってみる。

【ワークを終えて】

ワークを終えてみると「私って、いつも同じような言葉しか使っていなかったのね」「親が子どもに《してほしい》という気持ちがいっぱいで、子どもの気持ちに気づかなかった…」などの気づきを体験されたことと思います。

育てる側は、「子どもに《ちゃんと育ってほしい》」と願うあまりに発する言葉が、結果として一方的な《こごと》となってしまう日常。子どもはもちろん、親自身も息苦しく

なってしまいます。そんなときに、《ちょっと一息入れて》、「他にどんな言葉をかけられたかな？」と考えたり、周りの人から「こんな言葉もあるね」とヒントをもらうと、《子どもにも、親自身にも優しくなれる》そんなひとときをこのワークで楽しんでください。

言葉の力

ワーク－27：ほめれば、子どもは育つの？

　昔から、「子どもは褒めて育てろ」と言われています。でも、明らかに褒められないような行動ばかりしているときに、褒めなければいけないと言われるとなんだかしっくりしない。褒められる子どもの方も大人が心から褒めてなんかいないことはちゃんとわかっています。それでも褒められると、「へえ、こんなヘンなことをしても褒められるんだ…」と、子ども自身の価値基準が変わってくるような気がしませんか？

　日本語は、同じような言葉でもちょっとニュアンスが違う言葉がたくさんあります。

　ここでは、「ほめる（褒める・誉める）」と似たような言葉で「おだてる」という言葉と、「認める」という言葉に注目してみました。「いったい、どうちがうの？」と訊かれてもすぐにはこたえられないかもしれません。難しく頭で考えるより、《からだの感じで比べてみる》遊びをしてみましょう。

【ねらい】おだてる、ほめる、認めるの違いを実感として感じる
【人　数】1グループ、6～8人
【準備物】筆記用具、クレヨン・色鉛筆など
　　　　　記録用紙（117ページ）
　　　　　机
【手　順】
1.　参加者は机を囲んで座る。
2.　《おだてる・ほめる・認める》の言葉を頭で考えるのではなく、からだで感じてみる。

3. まず《おだてる》という言葉を、からだのみぞおちあたりに向けて3回程度つぶやいてみる。
4. ファシリテーターの質問をきき、自然に浮かびあがって来る答えを待つ。
   ※ 質問は、117ページの記録用紙の順番でゆっくりと参加者がからだの感じを感じ取れる静かな雰囲気を大切にしながら、参加者の様子を見ながら進める。
   例：「おだてるを《色》で表すとしたら、何色が浮かんできますか？
   《形》で表すとしたら、それはどんな形でしょうか？　触るとどんな《感触》？　固いでしょうか？　それともやわらかい？熱い？冷たい？…」
   ※ 目を閉じると感じやすいかもしれない。
   ※ 何も出てこない時には、「出てこない」ことも《感じ》の一つであることを伝える。
5. 目を開けて、手元の記録用紙に、浮かんできた〈感じ〉を書き込んでみる。
6. 同様に、《ほめる》についてすすめて行く。
7. 《認める》についても同様に進める。
8. 参加者同士、記録用紙に書きだした《おだてる》《ほめる》《認める》の感じをそれぞれ絵にして伝え合う。

【ワークを終えて】

　「えっ？《ほめる》の色？　そんなこと考えたこともない…」と驚いてしまうようなワークです。でも、ちょっと目をつむってからだの内側にきいてみると、《おだてる》は、オレンジ色とか濃い青色で、《ほめる》はパステル調のピンクかな…。《認める》は、うーん、無色かな、広い草原の若草

色かな…などが浮かんでくるから不思議です。

　ゆっくりと静かに、形や音、雰囲気などを想像していき、参加者同士で話し合ってみると「人それぞれで色々な《感じ方》があることに気づく一方で、ある《傾向》がはっきりしてくることにも気づきます。それをもとに自分たちが考える《概念》を作り出してみることもできます。《おだてる》は、相手を自分の思う方向に向けようとする意図が感じられ、心地よくない。《ほめる》は、丸の上半分というイメージが代表するように、評価する人の持つ基準より上になったときに

もらえる賞賛で、嬉しいけれど、いつも頑張らなくてはならない窮屈感がある。《認める》は、丸の上半分と下半分、つまり丸ごと受け入れてもらえる心地よさを感じる。評価する人の目線は上からではなく同じ目線で、嬉しい時も、悲しい時も、力が全く出ない時も、そのままの自分を出してもよい安心感から、力が自然に生まれてくるというイメージが参加者から出てきたのも印象的でした。

ワーク-27：記録用紙

おだてる、ほめる、認めるを感じてみる

	おだてる	ほめる	認める
色			
形			
感触			
音			
雰囲気			
その他			
好感度	+2　+1　0　-1　-2	+2　+1　0　-1　-2	+2　+1　0　-1　-2

感想（言葉をからだで感じたことからわかったこと）

言葉の力

【ちょっと一言】

　アイスランドに旅した時のこと、ある幼稚園の先生がこんな話をしてくれました。
　子どもたちが数人で遊んでいました。歌ったり踊ったりしているうちに、一人ずつ前に出て、歌うという流れになり、かわるがわるに前に出て得意な歌を歌っていきました。
　Ｋちゃんの番になりましたが、Ｋちゃんはモジモジしてなかなか前に出ていきません。全体をしきってＲくんが「Ｋちゃんの番だよ。はやく前に出ろよ」とせかします。Ｋちゃんは小さく首を横にふりやはりうごきません。見かねたＳちゃんが、「なにが嫌なの？」と尋ねると「恥ずかしい…」と小さな声でＫちゃん。
　「なんでだよ、ぼく、恥ずかしくなんかないモン」といきまくＲくん。それを見ていた先生が「みんな遊んでいるところだけど、少し時間をちょうだい。Ｋちゃんが、〈恥ずかしい〉って言ってるね。ちょっとみんな座って〈恥ずかしい〉を感じてみましょうか。目を閉じてみて、みんなの中に〈恥ずかしい〉って言葉をからだのなかに言ってみてください。さあ、みんなの中の〈恥ずかしいちゃん〉は、どんな色をしているかな？形は？触ってみるとどんな感じ？どんな音？〈恥ずかしいちゃんはみんなの心のお部屋のどのへんに居る？どんな顔している？〉などとゆっくり尋ねていきました。そして、子どもたち一人ひとりに浮かんできた〈感じ〉を尋ねていきました。
　「ブルブル震えていた…」「こっち見ないでと言っている」「部屋の隅の方にいたよ」子どもたちは口々に応えます。
　先生は「そう、みんなの中にも〈恥ずかしいちゃん〉はいたのね。Ｋちゃんも今、そんな〈恥ずかしい〉を感じていたのね。みんな協力してくれてありがとう。さあ、続けて遊んでください」とその場を子どもたちに任せたのです。すると、周囲の子たちから「やりたい人がやればいいんじゃない」と意見が出、さっきまで「早く！」と急かしていたＲくんが「僕、手をつないでいてあげるよ」とＫちゃんに優しく声をかけ、こわばっていたＫちゃんの顔が笑顔になった…。そんなお話でした。

ワーク−28：子どもの自由とは

　子どもは自由にのびのび育ってほしい。「だけど、子どもの言い分だけを聞いていたら　わがままになってしまう。やはり、人に迷惑をかけることや社会のルールは守れる人に育ってほしい。「いったい、どこまで許したらいいのかわからない…」という悩みを多く聞きます。そこで、《自由》と《放任》の違いをからだで感じ、考えるワークをご紹介しましょう。

【ねらい】自由と放任の違いを実感として感じる
【人　数】1グループ、6〜8人
【準備物】筆記用具、クレヨン・サインペンなど
　　　　　記録用紙（122ページ）
　　　　　模造紙（白色全版）
　　　　　机
【手　順】
1. 参加者は机を囲んで座る。
2. 《自由》《放任》の言葉を頭で考えるのではなく、からだで感じてみる。
3. 《自由》という言葉を、からだのみぞおちあたりに向けて3回程度つぶやいてみる。
4. ファシリテーターの質問をきき、自然に浮かびあがって来る答えを待つ。
   ※ 質問は、○○ページの記録用紙の順番でゆっくりと参加者がからだの感じを感じ取れる静かな雰囲気を大切にしながら、参加者の様子を見ながら進める。
   例：「自由を《色》で表すとしたら、何色が浮かんできますか？

　　　　《形》で表すとしたら、それはどんな形でしょう
　　　　か？
　　　　触るとどんな《感触》？　固いでしょうか？それ
　　　　ともやわらかい？熱い？　冷たい？…」
　　※　目を閉じると感じやすいかもしれない。
　　※　何も出てこない時には、「出てこない」ことも《感
　　　　じ》の一つであることを伝える。
5.　目を開けて、手元の記録用紙に、浮かんできた《感じ》
　　を書き込んでみる。
6.　同様に、《放任》についてすすめて行く。
7.　グループの参加者全員で一枚の模造紙の半分に《自由》
　　と《放任》を感じたままに描いてみる。
8.　描いた絵を見て、感想を話しあう。
【ワークを終えて】
　「自由の色？」「音って言われても？」「？？？」と驚かれたかもしれません。それでも理屈で考えずに「どんな色かな？」とただ待っていると、なんとなく「パステル調の色かな？」「明るい感じがする…」と浮かんできたかもしれません。他の人はと見てみると「透明」「水色」「草原の色」等、だんだん楽しくなってきたのではないでしょうか。もちろん正解はないけれど、他の人のイメージと突き合わせてみると「面白い！自由って手足がのびのびと伸ばせるゆったり感があるけれど、安全柵がある感じがする。放任はどこまでも行かれる気ままさがあるけれど、安全を守ってくれる柵がない」「自由はしっかり糸がついて空を舞っている凧、放任は糸が切れた不安定な凧って感じかな」など、だんだん自分たちなりの概念の基ができてきます。

自由は自分だけではなく、周囲の大人たちからも見守られている安心感があるから安全…。だからルールや責任が必要なのかもしれない。放任は一見自由と同じように見えるけれど、見守ってくれる人がいない…。だから不安定だし、さびしい感じがするのかな。
　「子どもたちの好き勝手だけが自由ではないことがわかった」いつの間にかこんな話し合いに発展していくことでしょう。

言葉の力

ワーク−28：記録用紙

自由と放任を感じてみる

	自由	放任
色		
形		
感触		
音		
雰囲気		
その他		
好感度	+2　+1　0　-1　-2	+2　+1　0　-1　-2

感想（言葉をからだで感じたことからわかったこと）

ワーク−29：みんなで樹を作ろう

　親・保育者・教師・福祉施設のスタッフ・ボランティアなど、子どもを育てる側の立場になると、知らず知らずのうちに、「早くして!」「ぐずぐずしないで」「何をしているの!」「しっかりしなさい」など、叱咤激励どころか、子どもを追い立ててしまう言葉を発している自分が嫌になることってありませんか？　子どもをしっかり育てたいと責任を持つからこそ生じる気持ちのズレ。大人としてではなく、子どもの頃の自分にもどって、子どもの気持ちを感じてみるワークです。

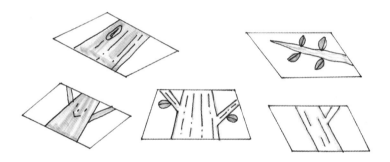

【ねらい】言葉の暴力とやさしさを確認する

【人　数】2〜30人

【場　所】絵を描くための机と、描いた絵を並べる床の広さがある部屋

【準備物】クレヨン

　　　　　八つ切り画用紙　2〜3枚

　　　　　付箋　＊7.5×7.5㎝（黄色）、7.5×2.5㎝（水色）、7.5×2.5㎝（ピンク）

　　　　　全版白模造紙1枚

【手　順】

導入

　絵を、描くことが大好きな人も苦手意識を持っている人も、どちらも気楽にクレヨンで楽しめるように、気持ちをほぐす。

　　言葉がけ例：「さあ、今日はみなさんで一緒にお絵かきを楽しみましょう！」

　　　　　　　と、いわれると「え〜、嫌だな…」と思う人がいらっしゃるかもしれません。私たち大人でもお絵かきが得意な人と苦手な人がありますね。子どもたちだってそれは同じ。でも大丈夫です。楽しく始められるために《白い紙への抵抗》をはずす遊びをしてみましょう」

　　※ 黒板に全版の白模造紙を貼りつけておく。ファシリテーター自ら、大きな模造紙に「クレヨンのお散歩」と称して、クレヨンを走らせ、参加者も一緒楽しむように誘う。

　　例： アカちゃんがお散歩。天気がよくてランランラン。アオ君とオニゴッコしましょ！キイロちゃんもやってきました。待てー！逃げろー！（勢いよく、グルグル、グチャグチャ、紙の上にクレヨンを走らせることを楽しむ）

　　「あ〜、楽しかったですね。上手な絵を描こうとせず、クレヨンで遊ぶ感覚を楽しむことが大事」と参加者の気持ちをほぐす。

　　※ 机が汚れないように新聞紙を敷いておくのもよい。

1. ワークの説明をする。

　　※「これからみなさんで、大きな樹を1本つくりますの

で、協力をしてください」

「大きな樹を想像してみてください。大きな樹ですから、太い「幹」が必要です。そして「根っこ」、それにたくさんの「葉っぱ」や「枝」も必要です。

みなさんは、「幹」「根っこ」「葉」のどれか一つを選んで描いてください。

どんな色でも、形でも、自分が好きなように描いてください。

ただ、皆の絵をつなげるので、できるだけ白いところが残らないように紙一杯に描いてください」

2. 1の説明のように描いていく。

　※「葉は一枚を描くのか、枝を描くのか、実をつけてもいいの？　虫や動物、鳥なども描いていいの？」などの質問に「なんでも好きなように、描きたいように」と応えていく。

　※一枚描いたら、何枚でもたくさん描いてよいことを伝える。（人数が少ないときは、たくさん描くことも必要）

3. 各自の描いた絵を床に並べ、樹を作っていく。

　※少し離れて眺め、より樹らしくなるように、並べ替えてみる。

4. 出来上がった樹を眺め、感動を味わう。

5. 子どもの時に、好きだった遊びや玩具を思い出し、黄色の付箋に書く。

6. 樹の好きな場所に黄色の付箋を貼る。

7. 一つひとつの付箋を読み上げていく。

8. 子どもの時に言われて嫌だった言葉を一つだけ青い付箋

に書き、樹の好きな場所に貼る。
9. 青い付箋を見て、その人がホッと安心できるような言葉をピンクの付箋に書いていく。
　　※素晴らしい言葉でなくてもよい。「その気持ちわかるよ」「それは嫌だったね」と気づいてあげるだけでも、気持ちを伝えるだけでもよい。
　　※すべての青い紙に言葉を貼る。ピンクの付箋は何枚書いてもよい。
　　※この時、自分の気持ちに響かせて、自分だったらかけて欲しいと思う言葉をゆっくり時間をかけて書いていく。
10. ピンクの付箋を青い付箋に貼っていく。
11. 出来上がった樹を見て、2〜3人で、ワークを振り返り、感じたことを話し合う。
　　※振り返りのポイント
　　　① 樹を描いている時、樹が出来上がった時の気持ち
　　　② 玩具を書いたり、他の人が描いた玩具やあそびを見た時の気持ち
　　　③ 言われて嫌だった言葉を思い出した時の気持ち
　　　④ ③の言葉にピンクの付箋を貼ってもらったときの気持ち
　　　⑤ その他

【注意点】
　参加者の中には、このワークが過度に響いてしまうことがあるかもしれません。今現在、人間関係でとてもつらい思いをしている人がいるかもしれないし、小中学校の授業で安易に取り上げることにより、隠れていたイジメがさらに激化す

ることにつながることもないとは言えないからです。慎重な配慮をお願いいたします。

【ワークを終えて】

<u>樹を描く部分では</u>

　参加者のひとりひとりが思い思いに描いた絵。紙いっぱいにグリーンで一枚の葉を描いた人、幹にリスが出入りする洞を描いた絵、リンゴやミカンなどの木の実を描いた絵、小鳥や虫たちが遊びに来ている絵など、久しぶりのクレヨン画にどんどん気持ちが広がっていくのがわかります。

　こうして描いた絵を床に並べてみると、バラバラだったはずの絵がまとまって、大きくて素敵な樹になるから不思議です。しかも、枝葉を描く人、幹の部分を描く人、根を描く人の人数も不思議と適度な人数のバランスとなってまとまるのもグループならではの面白さかもしれません。

<u>子どもの頃に遊んだ玩具を貼るワークでは</u>

　「あっ、その遊び私もやった」「流行ったね」など、忘れていた子どものころの楽しさがよみがえってきます。これは、参加者が、安心してワークに取り組めるための、安全柵の意味があります。

　<u>子どもの頃《言われて嫌だった言葉》を一言思い出し、青い付箋に書き出すワークのとき</u>には、一瞬、みんなの空気が沈んだように感じます。しかし、「ピンクの付箋に《書いた人が元気になる言葉を貼る作業になると、会場の空気が急に明るくなるのです。

　一枚一枚の付箋に《温かい言葉》を貼っているときの参加者たちのやさしい顔。一枚も貼ってもらえない紙が残らないようにと、目を凝らして真剣に見つめているその姿。会場が

なごやかな空気であふれます。

そして最後に、自分が書いた青い紙と貼られたピンクの紙を手に取ったときのうれしそうな参加者の表情。「私のお守りにします」と言って帰るほど、心に染みたのでしょう。

たとえ、そこに書かれた言葉が、自分にとってぴったりしたものでなかったとしても、《気づいてもらえた》喜びが、ホッと温かい気持ちにさせてくれるのでしょう。

【ちょっと一言】

子どもを傷つけないように大人が発する言葉に気をつけることは大事なことです。しかし、子ども自身がどのように受け取るかは、一人ひとり感じ方がちがうので、言う側が意図しなくても、気づかないうちに傷つけてしまうことは避けられないことかもしれません。たとえば「大きくなったね」は誰もが喜ぶ褒め言葉のようですが、背がどんどん伸びた子にとっては「のっぽ」と言われるのと同じように差別された言葉に聞こえるかもしれません。

ここに貼り出された青い紙に書かれた言葉は、子どものころからずっとその人の心の奥底に隠れていた言葉かもしれません。時には、ビクビクしたり、人の目を避けたり、自信を持てなかったりしながら…。

「言われて嫌だった言葉」にピンクの付箋を貼っていく作業は、《誰にもわかってもらえなくて委縮していた気持ち》に「そんな気持ちだったのね」と気づいてそっとよりそう行為です。

大事なことは、嫌な気持ちになってしまっている子ども

の気持ちに気づいてあげることです。そして、ベンチでそっと隣に座るように寄り添い、「あなたの気持ちわかるよ（わかろうとしている）」とこちらの気持ちを伝えることです。決して「あなたの悲しい気持ちを解決してあげる！」と《土足で心の中に踏み込む》ことではないのです。

　子どものことを大切に思っているからこそ、犯してしまう言葉の暴力を、みんなで考えるためのワークです。

　「このワークをしたら、今まで私のからだの中で固まっていた何かがスーッと、溶けていくような安堵感がありました」という感想を何度も聞きました。

　それだけ効力のあるワークです。それだけに、《まだその傷には触れたくない》人も、思い出すことによって《さらに傷ついてしまう》人もいるかもしれません。

　その意味で、このワークを使うときは、慎重な配慮が必要だと思います。学校現場で、小中学生のための教材に安易に使うことはお勧めできません。今現在、大人に言えずに《いじめ》にあって苦しんでいる子もいるからです。

言葉の力

視点を変える

ワーク－30：いいとこさがし

　もしも、あなたが地域の民生委員や学校の教師、保育者、子育て支援などに関わる立場になったとしましょう。あなたの担当の親子の生活がより良いものになるようにと、一生懸命考えることでしょう。例えば、「Aさんは、夜遅くに子連れで外食をしている」「子どものいる傍らでたばこを吸っている」「いつも声を荒立てている」等々、心配のあまり、その状況を改善させようと、自分の考えている《健全な子育て環境としてのあるべき姿》を提案することでしょう。でも、相手は全く耳を貸してくれない…。そんな時に、もう少し視野を広げ《そんな状況でも頑張っている親子》の態度も見つけられるようにするためのワークです。

【ねらい】自分の価値基準（偏見）に気づく
【人　数】1グループ、6～8人
【準備物】添付の絵
　　　　　付箋
　　　　　筆記用具
　　　　　机
【手　順】
1. 参加者は、134ページの絵から、気になる親の行動や心配なことを探す。
2. あなたが気になった理由を伝え合う。
　　例： 夜遅くに外食している⇒
　　　　　　遅くまで仕事をしていて、おなかをすかせて

　　　　　　　　いる子どもに早く食事をさせたい。
　　　　子どものいる傍らでたばこを吸っている⇒
　　　　　　子どもの様子をいつも心配している。
　　　いつも声を荒立てている⇒
　　　　　元気がよくて勢いがある。
3.　もう一度絵を見て、絵の中の親の良い部分を参加者同士探しあう。
　　例：　仕事で忙しくても、子どものことを考えている。
　　　　　子どもの様子を気にしている。
　　　　　母親という役割の他にも持っている役割をこなしている。
4.　付箋に、絵の中の親にかけてあげたい言葉を書く。
5.　順番に4を読み上げながら、絵に貼っていく。

【ワークを終えて】

　人はそれぞれ顔や性格が異なるのと同じように、育った環境も経験も異なります。

　「そんなことは分かっている」と思っていても、自分の常識や価値観とまったく違う人と付き合う機会があると「えっ?」「なぜ?」「フツウはそんなことしないでしょう!」と驚いたり、あきれたり…。そして「あの人って変よね」とか「あんな考えは間違っている」と否定してしまいがち。自分の生い立ちの中で作り上げてきた自分の価値判断（枠組み）で社会や人を判断してしまうと、「私はこう思うのに、どうしてあなたは理解してくれないの」「どうして私の言うとおりにしてくれないの」と不満だけが残ります。

　あなたにも枠組みがあるように、人にもそれぞれの枠組みがあるのです。《私》と《私とは異なるあなた》を認め合

うことで、きっと自分以外の人への理解も深まることでしょう。先入観を持たずに自分以外の人を《受け入れる》ことができると、自分の視野や世界観が広がり、他者の良さに気がつき、良好な関係が作れることでしょう。

視点を変える

ワーク－31：皆の知恵を出し合って

　「どうしてこの子は、人が困ることばかりするのだろう」「今まで、たくさんの子どもたちを見てきたけれど、こんな子は見たことがない」「何をするかわからないから気が休まらない」誰もが、こんな絶望的な思いになった経験があると思います。スタッフのみんなで知恵を出し合い、ああでもないこうでもないと対策を練るものの、ことごとく失敗。ついには《問題児》なる呼び方になって、考えるだけでも憂鬱になってしまう。こんなときに、役立つ事例検討の手順をご紹介します。

【ねらい】問題点を探す視点から、明日から活かせる視点への転換
【人　数】1グループ、4～8人
【準備物】コピー用紙
　　　　　筆記用具、カラーサインペン
　　　　　タイマー（なければ時計でもよい）
　　　　　机
【手　順】
1. 参加者が自己紹介を兼ねて、一人ずつ「今、付き合いにくさを感じている子どもや保護者、スタッフなど」について、簡単に話す。
　　※ ここで話された内容について他言しないことを、事例検討をするときの必須ルールとする。
2. 1で出された事例の中から一つ事例を選び、それについて話し合う（検討会を始める）。
　　※ 事例を紹介した人を事例提供者と呼ぶこととする。
3. 事例提供者は、さらに詳しく「困っている事がらや状況」

について説明をする。

4. コピー用紙の下部3分の2ほどの中央に、困っている対象者の[**名前**]（その場でつけたイニシャル・あだ名などにし、個人名がわからないように配慮）、[**年齢**]、[**家族構成**]を書き、その下に[**事例提供者が困っていること**]を一言または一文で書き加えておく。

   ※ このとき、コピー用紙の上部3分の1ほどは、空けておく。

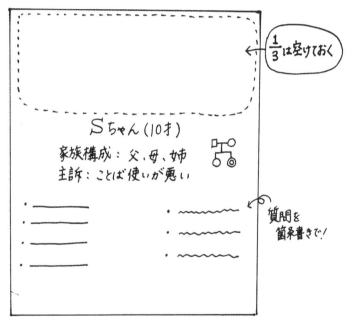

   ※ 筆記用具は、カラーサインペンのセットを使うと、色も選べ、スラスラと書きやすく、字が大きいので細かくなりすぎないのでよい。

5. 4の紙を机の中央に置いておく。

6. 情報を広げるために、事例について、参加者が[**知りたいこと**]を質問する。
    - 質問は、一人一問ずつ順番に尋ね、事例提供者は尋ねられたことにだけ簡潔に答える。
        例：「対象児が好きな遊びは？」「近所づきあいはあるの？」など
        ※ 「私も同じような経験があって…」「こんな方法をしてみたら」など、質問から発展して会話を広げないようサクサクとすすめることがコツ。
        ※ 質より量：知りたいことをとにかくたくさん出す。
        ※ 批判厳禁：「どうしてこんな指導をしたの!」「あなたの接し方が悪い」など、批判は厳禁。
    - 事例提供者は、わからないときは「わかりません」と答える。
    - 前の人がすでに尋ねた項目は外す。
    - メンバーが一人一問ずつ質問をし、一巡したら、同じように2巡、3巡くらい、一問一答の要領で、質問をしていく。
    - 事例提供者も知りたいことを質問する。
        ※ 答えてくれる人はいないが、事例提供者であってもすべてのことを知っているわけではないことを確認。
7. 視点の転換
    ファシリテーターの「始めはほんの少ししかなかった情報が、質問によってたくさん増えました。さて、このケースおよび、事例対象者の良いところを書きだしてみましょう。」の言葉で、2人で一枚のコピー紙に、プラス面を箇条書きにしていく。

※一人で書いてもよいが、2人だと書きながら相手の文章も目に入るので、それがヒントとなり、視点が広がったり、他にもプラス面が浮かびやすくなる。（できるだけたくさん列挙していくとよい）。
8. 参加者は、一人ずつ、自分自身が思いついた「プラス面」を全て読み上げていき、一巡する。
　　※プラス面は、同じような内容でも、何回もたくさん言われた方が、事例提供者の進む力になるので、参加者は、似たような項目があっても省かず、自分の言葉で話す。
9. これから先の方針を考える。（3分間・時間厳守）
　・参加者は、この事例について、明日からどのようにかかわるとよいのか方針を考え、7の用紙に書き加えていく。
　※<u>時間を《3分間》に設定する意図</u>：このときに長い時間をかけてしまうと事例提供者が苦しくなってしまうことがあります。なぜなら、子育て（人間関係）は、その時に思いついたことしかできないからです。
　　ここでは、タイマーなどを使い、3分間の制限時間を守ることがポイントとなります。後から「あれも出来たのに」「どうしてこの手順を使わなかったのか」と悔やんでも、実際に使えない手順を絞り出しても活かせないことが多いことを知っておくことも大切です。
10. 参加者は、自分が思いついた方針を読み上げる。
　　※この時、前の人が自分と同じような方針を言ったとしても、自分の言葉で伝える。

11. 順番にすべての人が読み上げたところで、話し合い（検討会）を終了とする。
12. タイトル（テーマ）を考える。
    - 事例提供者がこの作業のプロセスを通して、自分なりに感じたことを一言（又は一文）をタイトルとして、4で空けておいたスペースに書き込む。
    - 事例提供者は自身がつけたタイトルの実感や意図を話す。
    - 参加者・事例提供者全員が、簡単に感想を述べる。
13. 参加者全員から事例提供者に、7の用紙（参加者がプラスの視点や方針を書いたもの）をプレゼントする。

【ワークを終えて】

　このワークでは、6で行った参加者の質問に、事例提供者が応えることによって、わずかだった情報がどんどん増えていきます。こうすることで、対象者を知らない人達でも、一緒に考えることができます。また、さまざまな人（専門職、家族、地域住民など）が集うことで、思いがけない視点の広がりが生まれることもあります。

　7で行った視点の転換では、対象者の問題ばかりを見つめていた視点が、いつの間にかプラス面に変化していきます。

　「どうしてこの子は、問題ばかり起こすの？」「何がいけないの？」と原因追及や対策を考えることは大切ですが、理論や知識、経験など客観的な視点にとらわれすぎると、いつのまにか、困った現象やその要因を《枠にはめて》しまい、《マイナス視点》になりがちです。この事例検討では、専門も経験も分野もちがう人たちが、素朴に《自分の直感や感性》で、《知りたいこと》《良いところ》《明日からの対策》

を出し合うのですから、《柔軟で多くの発想》が得られます。肩の力がぬけて、いつのまにか《問題》ではなく、問題を抱えながらも懸命に生きている《人》の姿が見えてきます。

ワーク－32：子どもたちと私の関係

　複数の子どもたちと関わっていると、ときどき「私は、子どもたち一人ひとりに、ちゃんと目を配っているかしら」と心配になることはありませんか？「特定の子どもばかりにとらわれていないかしら？」「全員に目が行き届いていないのではないかしら？」「信頼関係は十分培われているのかしら？」などなど、気にし始めると落ち込むばかりです。そんな時、仲間とこんなワークを楽しんでみるのはいかがでしょうか？

【ねらい】自分と子どもたちとの心の距離を知る
【人　数】1グループ、3～6人くらい
【準備物】コピー用紙（A4またはB4）
　　　　　筆記用具、クレヨン・色鉛筆など多彩な色を使える画材
　　　　　机
【手　順】
1. 参加者は目を閉じて自分が関わっている子どもたちを思い浮かべる。
2. 自分を中心にして、全員の子どもたちの名前（個人情報に注意）を紙の上に書き出してみる。
　　※クレヨン・色鉛筆・サインペンなど多彩な色のある画材を使うとよい。
　　① まず、紙の中心に自分を描く。（○でも□でもなんでもよい）
　　② 思い浮かんだ子どもからどんどん紙の上に名前を書いていくが、一人ひとり「この子は、自分にとってどのへんの位置かな？自分の目の前かな？　それと

も斜め後ろくらいかな?」「色はどんな色がこの子らしいかな」と、自分の胸の奥に問いながら、なんとなくぴったりする場所をさぐりながら《ちょうどよい場所に一人ひとりを置いていく》ように名前を書いていく。

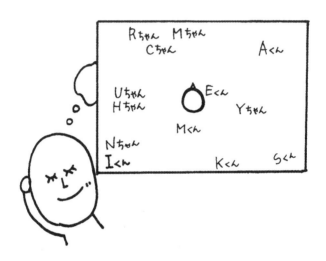

3. 描き終わったら、書き漏れている子はいないかどうか、確認する。
4. 絵全体を眺め、気が付いたことや感じたことをグループの参加者同士話し合う。

【ワークを終えて】

　常に関わっている全員の子どもたちを把握しているつもりでいても、こうして書き出してみると、《すぐには思い浮かばない子》や、《あまり気にならない子》がいることに気づきます。

　また、複数のスタッフが居る場合など、スタッフ同士でこ

のワークをしてみると、《気になる子》には全員の目が向いているのに、《スタッフみんなが見落としがちな子ども》がいることに気づきます。この気づきが、スタッフ間の配慮や情報の共有などの《連携》に役立ちます。「あの子は、あまり心配をかけるようなことはないから」とみんなが安心していたり、あまり目立たないことで気にも留めなかったりしていることに、《気づく》ことができれば、関係を作り直すことができるのです。

ワーク−33：子どもたちとの撮影

　クラスやスタッフ間で《いつも気になる子》について、「どうして、いつもこんな行動をするのか不思議」と、困った《行動》を心配したり対策を練ったりするけれど、どうしてもそんな行動をしてしまう《子どもの気持ち》がわからない。結局、どうしたらよいかわからず、ついつい、子どもを叱ってしまい自己嫌悪。事例検討をするには、忙しくて時間もとれない。そんな時に、スタッフ同士でできる簡単なワークをご紹介します。

【ねらい】問題視してしまう側とされる側の気持を理解する
【人　数】1グループ、3〜8人
【準備物】なし
【手　順】
1. グループ一人ひとりが、ワーク−32（141ページ）で描いた図を見せながら、自分が気になっている子どもについて簡単に話す。グループ全員が話し終わったところで、その中から一人だけ、《気になる子》を選ぶ。
2. 話題提供者（気になる子と関わっている人）は、《気になる子ども》の《気になった具体的な行動》のエピソードを説明する。
3. エピソードの一場面を以下の二つのロールプレイで再現する。

　　[**動画**]のようにロールプレイ
　　① その場面に登場するメンバーを紹介し、参加者で役割を決める。
　　※ その際、《気になる子》役は話題提供者がなるとよい。
　　② 役割が決まったら、その場面を思い浮かべながら、

それぞれ登場人物の気持ちを想像してその場面を再
　　　現するように演じてみる。
　　③ 終了後は、それぞれの役になった人が《演じていた
　　　時に感じた気持ち》を伝え合う。

［**静止写真**］としてのロールプレイ
同じ場面の写真を一枚写すように、その場面を再現する。この場合、話題提供者は、役割を持たず、役になったメンバーを並べる人になる。
　　① 話題提供者は、《気になる子》にとって一番影響力
　　　のある人を中心に、エピソード場面の中での状況写
　　　真を描くように、メンバーを配置していく。
　　※ その場面での心的関係もふくめ、からだの向き、し
　　　ぐさ、目線などを確認し、シャッターを押すように、
　　　「動かないで」と声をかけ、全員の動きを止める。
　　　　例：Aちゃん、Bちゃん、Cちゃんは、担任の右横。
　　　3人でブロック遊びをしている。Dくんは、一人で担
　　　任の前方だが遠くの方で「こっちにきて！」というよ
　　　うにこちらを見ながら手をふっている。Eくん《気
　　　になる子）は担任に腕をつかまれて逃げようとして
　　　いる。等など
　　② 話題提供者は、止まったままのメンバーたちの図全
　　　体を眺めるように見て、感じたことを話す。
　　③ 演じたメンバーたちは、それぞれの立場で、シャッ
　　　ターを押された時に感じた気持ちを伝える。
4.　ワーク全体を振り返り、気づいたことを話し合ってみる。

視点を変える

【ワークを終えて】

　毎日、生活の流れの中では《一瞬のこと》として過ぎ去ってしまう中で、それぞれの子どもたちが感じていることをすべて把握するのは難しいことです。子どもたちもその中で、《なんだか嫌な感じ》とか《先生に気持ちを向けてほしい感じ》など、《言葉にならないけれど、確かに感じている思い》をそこに置き去りにしたまま、スッキリしない感じを残しているのかもしれません。それが、《よくわからない行動》を引き起こしていることがよくあります。このように、《動画》としてのロールプレイと《静止写真》のように人を配置してみるワークを組み合わせることで、《気になる子》のクラスでの立ち位置や担任（又はその子にとって大事な人）との関係、その場でどんな気持ちになったのかなどが、ぐんと想像しやすくなります。《気になる子》の気持ちが把握できれば、「その時、どうしてほしかったのかな？」ということも、想像するのは、さほど難しいことではないのかもしれません。

つながりを作ろう

ワーク-34：不思議なポエム

　初めてのクラス会や親睦会などで「なんだか、緊張する…」「友だちになれそうな人がいないような気がする…」こんなドキドキ感や心が固くなったことってありませんか？　グループワークを通して人同士のつながりを作る時に使えるワークです。いつの間にか『あれっ』と思えるような不思議で、素敵なポエムが誕生しています。

【ねらい】人同士のつながりを作る
【人　数】1グループ、6～8人
【準備物】縦に2等分したコピー用紙（A4）
　　　　　筆記用具
　　　　　机
【手　順】
1.　グループで輪になって座る。
2.　紙を縦に持ち、横折りにグループの人数＋1に折る（ジャバラのような形にする）。
3.　今、自分の内側に湧き起こる感じ、またはテーマがある場合はそのテーマを思い浮かべて起こる感じを短い一言（文）にして、紙の一番上の段に書く。
　　例：テーマとして《新しいクラス》、《春》、《卒業》、《研修を終えて》などが挙げられる。
　　　　それをもとに各自連想した言葉を一段目に書く。《わくわく》《楽しい仲間》《出発》など
4.　グループ全員がそれぞれの紙の一番上の段に書き出せた

つながりを作ろう

ら、その紙を一斉に右（左）となりの人に渡す。
5. 渡された人は、紙に書かれている言葉（文）をゆっくりと味わって、そこから連想した言葉を上から2番目の段に書く。

　　※ 最初のテーマについては考えず、目の前の言葉から連想した言葉（文）を書く。
6. 書き終えたら、一番上の段を自分から見えないように後ろに折り曲げ、今書いた言葉（文）だけが見えるようにしておく。
7. 4と同様に、全員が書き終えたら、一斉に右（左）となりの人に渡す。
8. 5、6と同様に最後の段まで進む。
9. 最後の段を書き終えたところで、折り曲げた紙を開いてみる。

　　※ その紙の一番上と一段下は自分で書いた言葉（文）となっている。
10. お互い出来上がった文字（文）のつながり《ポエム》を発表し合う。

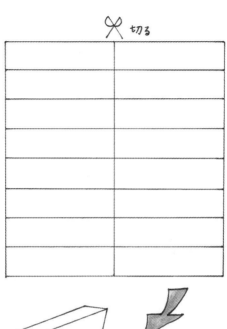

【ワークを終えて】

　最初に自分の言葉から始まった紙が最後にまた自分のもとに回ってきます。そこには、色々な言葉が連ねられて、何とも不思議なことに、一つの《ポエム》が出来上がっています。《私から始めて私に戻ってきた私のポエム》。手元に戻った紙を見ながら、笑顔がこぼれ、「こんなのができた」「私のも聞いて」等、いつのまにか積極的に紹介し合いながら、笑い声が響きます。

　お互いに一言（一文）を提供しあっただけなのに、互いのつながりがしっかりと感じられる、心に沁みとおるワークです。

　新しいコミュニケーションづくりだけではなく、卒業間近や共に学んできた仲間との絆を確かめたい時などに大きな効果を生み出します。

ワーク－35：協力ゲーム―皆でぬり絵を楽しもう―

　日常は色々な人との出会いから始まっています。視覚障害、聴覚障害等障害を持つ人との出会いもあります。高齢者や身体に何らかの障害を持つ人との出会いもあります。そんな時、どのように接しているでしょう。お手伝いしたいけど、ついつい、どうしていいかわからずに通り過ごしてしまったり、逆に、その人のためと思ってしたことが《余計なお世話》になってしまっていたり…。誰でもが互いに《その人らしさ》や《その人の状況》を認め合いながら、支え合うためのワークです。

【ねらい】バリアフリーを考える
【人　数】1グループ、8人
【準備物】障害を体験できるような小物（既成の高齢者疑似体験等の装具。ないときは、アイマスク、イアホーン、ひもなどを応用）
　　　　　簡単なぬり絵（154ページ）
　　　　　色鉛筆
　　　　　振り返り用紙（155ページ）
　　　　　机
【手　順】
1. グループ内で、片まひの高齢者役、視覚障害者役、聴覚障害者役をそれぞれ一人づつ、健常者役3人、ワークの様子を見ている観察者役2人を決める。
2. 高齢者、障害の役に決まった人は、装具を使ってその役の用意をする。
3. 観察者をのぞいて、グループ内でリーダーを決める。
4. リーダーになった人は、ファシリテーターから、用意さ

れたぬり絵、色鉛筆を受け取る。
5. グループ内で、リーダーを中心に観察者を除いた6名で、ぬり絵を15分程度で完成させる。
　　※ 観察者は黙って観察する。
6. ファシリテーターが振り返り用紙を配布し、各自が記入する。
7. グループ全体（8人）で話し合う。

【ワークを終えて】

　ワークを始めるにあたり、リーダー役を決めるとき、障害の役をする人たちもリーダー役候補者としてその中に入っていましたか？

　ワークをやっていく中で、健常者役の人は《できないあなたの替わりを私がしてあげる》と思って、つい勝手に手助けを始めていませんでしたか？全員がワークに参加でき、十分に楽しめたでしょうか？

　視覚障害役の人からは、「勝手に誰かが私の替わりに塗ってくれていて、いつの間にか終わっていた」聴覚障害役の人からは、「ほかのみんなが楽しそうに笑っていたけれど、何で笑っているのかわからず、自分だけのけ者にされたようでさみしくなった」片まひ役の人からは、「もう片方でできたかもしれないのに、先回りして参加できなく、くやしかった」などの感想が聞かれます。健常者役の人からは「どの程度できるかわからず、進め方が難しかった」「できないことは無理しないように、替わりにやってあげるようにした」などの声も聞かれます。

　ワークに参加した実感を持てることは、きっと社会に参加している実感と同じかもしれません。それぞれの人の違いをしっかりと認めあいながら、互いの気持ちを聞きあい、進めていけ

れば、きっと安心で居心地の良い場が作れることでしょう。

【ちょっと一言】

幼稚園タンポポ組のAちゃんとBちゃんのおはなし

　BちゃんもBちゃんのお母さんも難聴で耳がほとんど聞こえません。AちゃんママはBちゃんママをクラスのママたちのお茶飲み会に誘いたいのですが「私は手話もできないし、どうやって会話したらよいかわからない…」と話しかけることもできずに困っていました。一方、AちゃんとBちゃんはすぐに仲良くなり、楽しそうに鬼ごっこをしています。そこで、Aちゃんママは思い切ってAちゃんに「あなたの喋っていることをBちゃんはわかっているの？」と尋ねてみました。すると、Aちゃんは即座に「うん、わかるよ。先生がBちゃんに話すときは、ちゃんと目を見てゆっくり話してねって言ったから。そうしたら大丈夫だったよ」と応えてくれました。Aちゃんの屈託のないその態度に、Aちゃんママは「そうか！私は《難聴》という障害のことばかり気にして戸惑っていたのだわ。Bさんと仲良くなりたいという気持ちを伝えればよいのよね」と気づいたそうです。それからAさんは、思い切ってBさんの肩をトントンと叩き「私はあなたとお友だちになりたい」と笑顔で話しかけました。Aちゃんに教わったように、正面から相手の眼を見て…。ポケットには、もしも困ったときのためにメモ帳をお守りのように忍ばせてはいましたが、それも必要ありませんでした。「私って、《障害》を持つ人には、何か特別な知識や技術を持っていなければ付き合えないと思っていたけれど、そんなことはないのね。今では《障害》のことなど、全く忘れて、おしゃべりを楽しめているし、Bさんとクラスのママたちもすっかり仲良くなって、毎日がとても楽しい。バリアフリーってこういうことなのね」と話してくれました。

つながりを作ろう

ワーク－35：記録用紙

振り返り用紙

1. 体験してみての感想
   ① 目隠しをつけた人
   ② 耳栓をつけた人
   ③ 半身の動けない役の人
   ④ リーダー役の人
   ⑤ その他の人
   ⑥ 周りで見ていた人　グループで、①～⑤までの人を見てどう感じたか

2. リーダーを決めるとき、高齢者・障害者役の方は候補に入っていましたか？

3. 高齢者・障害者役の方の理解度を確認しながら進めましたか？
【あなたが高齢者・障害者役の場合、ゲームの内容や自分の役割を理解するまで、説明してくれましたか？】

4. 高齢者・障害者役の方は内容を理解して楽しめましたか？

5. ゲームを進めるにあたり、一番大事にしたことは、何ですか？

終わりに

グループワークを楽しめたでしょうか？

　この本は、子育て支援に関わった方々に向けて書いていますが、私たちは、これらのワークを実にさまざまなところで、年齢、男女、職業等に関係なく行ってきました。たとえば、保育園や幼稚園の保育者研修の場、教育関係者、子育て支援者、保護者（妊婦から青年期まであらゆる事情の子どもを抱える保護者を含む）向け講座、高齢者や障害児・者福祉施設の職員研修、地域ボランティアの研修などなど、人間関係やコミュニケーションに関わる方々すべての場で活用してきているのです。もちろん参加者に合わせて、ワークを少しずつアレンジしています。そしてその度に、ファシリテーターや講師として参加している私たちは、素晴らしい時間と体験をいただいてきました。まず、みなさんとの出会いという体験です。そして、みなさんのワークの楽しみ方、感じ方、そしてワークを始めるときと終わったときの変化等をワークの中で見せていただいたり、ご意見をいただいたり、私たちにとっても常に新しい輝くばかりの発見です。この本の最後に当たり、私たちの体験をみなさんと分かち合いたいと思い、参加者の感想のいくつかをご紹介します。

　　「子どもの時の気持ちを思い出すことが出来たこと。嫌な思い出がでてきたとしても、それにとらわれず横に置くことができる場の安全があった」
　　「気持ちの整理ができた」

終わりに

「問題がなくなったわけではないが、問題と少し距離を置くことができたことを実感できた」

「自分とは感じ方が違う人がいるという事に気づいた」

「自分の言っている言葉がひどいことにハッと気づいた」

「自分で思っている私と、人から見る私が違うことを発見した」

「恥ずかしい気持ちが先に立ち、勇気がいったが、終わってから得たものは大きかった」

「話を聴いてもらうことで、気持ちの整理が進むことを実感した」

「自分にもいいところがあるのだと思うことができた」

ワークで体験し気づいたことから、一歩前に進んだという体験を語ってくださる方も多くいらっしゃいました。

「自分を振り返ることができると次に進むことができる」

「振り返ることは責めることではない」

「自分も人も丸ごと受けとめるとしぜんに周りの人のことも受け止めることができる」

「自分の苦手なことや嫌な癖との適度な付き合い方がわかり、それらが愛おしくなった」

「からだのアンテナは、素直に感じ、表現する大事なきっかけであることに気づくと、肩の力がぬけてラクになることがわかった」

「ワークは、終わった後でもふっとよみがえってきて腑に落ちたり、自分の対応の仕方が変わったと驚くことがあった」

参加者たちの中には、1度だけではなく何度も講座を受けたり、私たちが実施している「ファシリテーター研修」で研鑽を

積まれた方々も多くいらっしゃいます。その一人ひとりが常に新しい発見をされ、自身の視野が広がっていく経験を積まれたと以下のワークの感想を伝えてくださいました。

「ふと立ち止まって自分のことを客観的に見る時間になる」

「ワークを通して、自分自身やお互いを認め合った見ることができる」

「読むだけではわからないことが、ワークを行うことで理解できることが多い」

「自分以外の人の感じ方を知ることが出来る」

「他人から見た自分を知ることが出来る」

「同じワークを何度か体験しても、その度に新しい発見があり、新鮮な感じがある」

「どの役割・設定も実際にやってみることで感じるものがある。これは、相手の立場を理解するのに大きな気づきとなる」

私たちが皆様からいただいたこうした一言ひとことが宝となり、それが同時に、《多くの方々に活用していただきたい》という原動力になりました。

今回、本書を執筆するにあたっても、ファシリテーター研修受講者の中から有志として編集協力・イラスト作成をしてくださいました。また先に出版した「フォーカシング指向親向け講座」石井栄子・小山孝子著（コスモス・ライブラリー）のイラストを担当してくださった藤井順子さんのご協力も得ることができました。みなさんに心から感謝を致します。

　　　　　　　　　　　　　　　　石井栄子　小山孝子

終わりに

編集協力者

金子 尚未 保育園保育士　　　　　編集協力　　　　神奈川県在住
近藤 希実 保育園保育士　　　　　編集協力・イラスト担当
　　　　　　　　　　　　　　　　　　　　　　　　　東京都在住
鈴木 貴子 適応指導教室指導員　　編集協力　　　　静岡県在住
西川 泰那 臨床心理士　　　　　　編集協力・イラスト構成
　　　　　　　　　　　　　　　　　　　　　　　　　東京都在住
平田 朋子 元児童養護施設職員社会福祉士
　　　　　　　　　　　　　　　　　編集協力　　　　京都府在住
三上 彩　 児童養護施設職員保育士
　　　　　　　　　　　　　　　　　編集協力・イラスト担当
　　　　　　　　　　　　　　　　　　　　　　　　　京都府在住
藤井 順子 元幼稚園教諭　　　　　イラスト担当　　東京都在住

著者プロフィール

石井　栄子
いしい　えいこ

大正大学大学院人間学研究科博士課程福祉臨床心理学専攻修了。人間学博士。
The Focusing Institute 認定 Focusing Trainer、Certified Focusing Professional
現在、國學院大學兼任講師、特定非営利活動法人乳幼児親子支援研究機構理事長として、子育てひろばを複数主催、他に保育所、幼稚園等のキンダーカウンセラー、子育てひろばや乳幼児に関する訪問事業、青少年教育相談センター等のスーパーバイザーとして活動。
著書に『フォーカシング指向親向け講座──親子のためのホット講座』(共著　コスモス・ライブラリー　2014年)、『社会福祉施設の理解を深めるために』(共著　樹村房)
訳書に『音楽史の中の女たち』(共訳　思索社)、『ナチズム下の女たち』『ディートリッヒ自伝』(共訳　未来社)、『ウルカヌスを征服するヴィーナス』(共訳　エディションq)

小山　孝子
こやま　たかこ

1946年生まれ。幼稚園・保育所にて30年余の保育現場経験の後、宝仙学園短期大学助教授、青山学院大学・玉川大学・國學院大學附属幼児教育専門学校等にて非常勤講師を歴任。
The Focusing Institute 認定 Focusing Trainer、Child Focusing Trainer

著者プロフィール

ガイダンスカウンセラー

現在、特定非営利活動法人乳幼児親子支援研究機構副理事長。川崎市にて、子育てひろば「みどりのへや」と「大きな樹」で子育て支援活動を行いながら、親・保育者・教師など子どもに関わる大人が《ほっと安心した気持ち》で子育てを楽しむための《ちょっとした工夫》を考えたり伝えながら子育て支援活動をしている。また、子育てに携わる大人たちが《ほっとできる子育て》を楽しめるよう、子育て中の保護者のためのフォーカシング指向親向け講座、および同ファシリテーター養成講座も開催している。

著書に『フォーカシング指向親向け講座——親子のためのホット講座』(共著　コスモス・ライブラリー　2014年)、

『わかる子どもの心と保育——からだの実感を手がかりに』(フレーベル館　2006年)、『いっしょに子育て——保育参観・保育参加』(共著　フレーベル館　2005年) 他

子育ての視点が変わるホットワーク集
～子どもと親に関わるすべての人のために～

©2017　　著者　石井栄子・小山孝子

2017年3月31日　　第1刷発行

発行所	㈲コスモス・ライブラリー
発行者	大野純一
	〒113-0033　東京都文京区本郷 3-23-5　ハイシティ本郷 204
	電話：03-3813-8726　Fax：03-5684-8705
	郵便振替：00110-1-112214
	E-mail：kosmos-aeon@tcn-catv.ne.jp
	http://www.kosmos-lby.com/
装幀	瀬川　潔
本文イラスト	近藤希実・藤井順子・三上彩
カバー挿画	近藤希実・藤井順子
発売所	㈱星雲社
	〒112-0005　東京都文京区水道 1-3-30
	電話：03-3868-3275　Fax：03-3868-6588
印刷／製本	シナノ印刷㈱

ISBN978-4-434-23207-7 C0011
定価はカバー等に表示してあります。

「コスモス・ライブラリー」刊行物

特定非営利活動法人 乳幼児親子支援研究機構
石井栄子・小山孝子著
『フォーカシング指向親向け講座——親子のためのホット講座』

子育てのイライラに巻き込まれず、ほっとしながらできる子育てはないのだろうか？
問題解決を急がないやり方はないのだろうか？

こうした悩みに応えるため、本書は"フォーカシングマインド"にもとづいた"フォーカシング指向親向け講座"についてわかりやすく説明し、誰でもやさしくできる子育てを応援し、そのための多くのヒントを提供する。

　この本は、とても〈よくばり〉にできています。**第1章**では、この本を手にしてくださった全ての方々にむけて講座の説明をしています。**第2章**は、この講座を受けてみたいと思っている保護者の方々に向けての講座の紹介です。次に、**第3章**では、自ら子育て支援を実施していて、保護者向けの講座を開いてみたいと思っている保育所、幼稚園の先生がたや、子育て支援センター、子育てひろばのスタッフの方々に向けて、より良い講座になるためのヒントを書いてみました。**第4章**では、本書のベースになっているフォーカシング的要素について、キーワードを取り上げてわかりやすく説明しました。

　ここに、読者の皆さま方の持っていらっしゃるエッセンスを加えて、より良い講座にしていただけたら嬉しく思います。（「**はじめに**」より）

【本書の主な内容】
第1章　講座を受けて、ほっとできる子育てに
　1-1　問題解決を急がないフォーカシングマインド
　1-2　誰にでもやさしくわかりやすい子育ての応援歌
第2章　では、フォーカシング指向親向け講座に参加してみましょう
　2-1　わかりやすい連続講座
　2-2　講座はどのような内容なのでしょう
第3章　フォーカシング指向親向け講座を開いてみましょう

　3-1　フォーカシング指向親向け講座の内容
　3-2　プログラムの実施方法
　3-3　1回目講座〜隣の芝生はよく見える『子育てストレスは自分だけではない』
　3-4　2回目講座〜親と子どもの力の争い『共感的態度について考える』
　3-5　3回目講座〜子ども同士のトラブル『仲裁と仲介』
　3-6　4回目講座〜子育てのイライラに巻き込まれないために『心の整理』
　3-7　講座を終えて
第4章　フォーカシングと照らし合わせてみると

マルタ・スタペルツ&エリック・フェルリーデ著／天羽和子監訳／
矢野キエ、酒井久実代共訳

『子ども達とフォーカシング──学校・家庭での子ども達との豊かなコミュニケーション』

学校や家庭で子ども達とこころの通う関係を作るために
フォーカシングを活用した子ども達のからだの知恵を聴く具体例が満載！

　欧米では社会の様々なニーズに応えるためにフォーカシングが活用されており、わが国でも学校現場や「いのちの電話」での対応に利用されるなど、着実にその活用範囲が広がりつつある。
　本書では、長年にわたり児童心理療法士としてオランダで活躍してきた著者が、学校や家庭での子ども達とのコミュニケーションを促進するためにフォーカシングを活用するやり方を、豊富な具体例とともに詳しく説明している。　　　　　　　〈１９００円＋税〉

アン・ワイザー・コーネル著／大澤美枝子・日笠摩子共訳／諸富祥彦解説

『やさしいフォーカシング──自分でできるこころの処方』

　フォーカシングは、からだの智恵に触れ、生活に前向きな変化を生み出すための、やさしくてしかも力強い技法。本書は、そのフォーカシングによる自己探索と自己発見の生きた技法を学ぶために、読者が自分で練習できるよう工夫された、待望の書。
〈１８００円＋税〉

アン・ワイザー・コーネル／バーバラ・マクギャバン著／大澤美枝子・上村英生訳

『フォーカシング・ニューマニュアル
──フォーカシングを学ぶ人とコンパニオンのために』

　フォーカシングとは、自分にやさしく連れ添って生きるための方法。本書は、そのトレーナーとして今、日本で最も人気のあるアン・ワイザー・コーネルが同僚のバーバラ・マクギャバンと共著で、二〇〇二年に開催された第14回フォーカシング国際会議」に合わせて書き下ろしたものの全訳で、フォーカシング体験に不可欠の知識を集大成し、「生涯にわたる気づきの技法」としてフォーカシングを学んでいる人々のプロセス全体をサポートすることを意図したものである。　　　　　　　　　　　　　　　　〈２４００円＋税〉

東京女子大学文理学部助教授　近田輝行著

『フォーカシングで身につけるカウンセリングの基本
──クライエント中心療法を本当に役立てるために』

　フォーカシングの体験はカウンセラーの基本的態度を身につけるための近道。クライエント中心療法の理解に不可欠の「体験過程」に焦点を当て、ロジャーズ、ジェンドリンからインタラクティブ・フォーカシングまでやさしく解説。
〈主な内容〉カウンセリングをめぐって／ロジャーズからジェンドリンへ／体験過程をめぐって／フォーカシングの実際／フォーカシングのバリエーション／カウンセリングにおけるフォーカシングの活用　　　　　　　　　　　　　　　　〈１６００円＋税〉

アン・ワイザー・コーネル著／バーバラ・マクギャバン寄稿／大澤美枝子訳
『すべてあるがままに――フォーカシング・ライフを生きる』

　三十五年にわたりフォーカシングの研究・実践・普及に尽力してきたアン・ワイザー・コーネルが、最初から最後まで本書で伝えようとしていることは、究極の受容、究極のやさしさ、すべてにイエスと言うこと。本書では、セラピストやカウンセラー、その他援助職の方だけでなく、広く一般の方が、自分の問題に自分で取り組めるように、この究極の哲学を、ただ理論や態度として学ぶだけでなく、例を示しながら具体的にわかりやすく説明し、技法として実際に練習できるように工夫されている。　　　　　　　　　〈２４００円＋税〉

スクールカウンセラー　土江正司著
『こころの天気を感じてごらん――子どもと親と先生に贈る
フォーカシングと「甘え」の本』

「感じ」の科学としてのフォーカシングに沿った、簡単で新しい、
心の探検への誘い。

　「今の心身の感じを天気に例えてみる。それを色えんぴつでさっと絵に描いてみる。学校の教室で行うわずか十五分の「心の天気描画法」によって、子どもたちは心と向き合う楽しさを発見できるだろう。フォーカシング理論に基づいた作品の鑑賞法、コメント法により親や教師は子どもの気持ちが掴め、より良い関係を築けるようになるだろう。」(著者)
　■第一部「心の天気」◎心を天気で表現することの意味◎フォーカシングについて◎心の天気を描画してみよう◎小学校での実践　◎研究と応用――心の天気から俳句作りにチャレンジ　■第二部「甘え論」◎心の天気はどのように晴れるのでしょうか◎自我　の働きと成長◎　依存的甘え◎社会的甘え、異性間の甘え◎絶対的甘えと宗教◎甘え論のまとめと補足◎第三部「円座禅」◎円座　禅――フォーカシングと洞察話法のトレーニングのために――　（漫画多数掲載！）　　　　　　　　　　　　　　　　　　　〈１８００円＋税〉

ニール・フリードマン著／日笠摩子訳
『フォーカシングとともに』(全3巻)

①体験過程との出会い

　フォーカシングを生きるセラピスト、ニール・フリードマンが、フォーカシングとの出会い、『フォーカシング』(ジェンドリン著)、体験的心理療法、体験的フォーカシングについて、さらにフォーカシングとそうでないもの、フォーカシング・ラウンドを進める上での工夫、フェルトシフトの類型、フォーカシングの効用について、一人称でわかりやすく語る。　　　　　　　　　　　　　　　　　　　　　　　　　　　〈１６００円＋税〉

②フォーカシングと心理療法

　本巻で、フリードマンはフォーカシング指向体験療法に入り、フォーカシングと傾聴を基本としつつ、自己開示・ゲシュタルト・ハコミ・表現的方法からおしゃべりまで、大胆にして繊細に組み合わせる。　　　　　　　　　　　　　　　　　〈１８００円＋税〉

③心理療法・瞑想・奇跡

　フォーカシングと瞑想との関係、フォーカシングによってもたらされた奇跡の紹介に加えて、ジェンドリン流心理療法に関する最新論文などを収録。「生き方としてのフォーカシング」の奥深さと魅力があますところなく語られる。　　　　　　　〈１５００円＋税〉

ケビン・マケベニュ著／土井晶子著・訳
『ホールボディ・フォーカシング：アレクサンダー・テクニークとフォーカシングの出会い』

　ホールボディ・フォーカシングは、アレクサンダー・テクニーク（姿勢法のひとつ）とフォーカシングを組み合わせたもので、私たちの「からだ」をより良く知るための洗練された方法である。本書はその理論から実践までを網羅した、日本で初めての解説書である。付録には、実際のガイドの方法や実習、リスニングの手引きも収録。フォーカシングに興味のある方だけでなく、ボディワークの経験者にもおすすめ。　　　　　〈１４００円＋税〉

キャンベル・パートン著／伊藤義美訳
『フォーカシング指向カウンセリング』

フォーカシングおよびフォーカシング指向カウンセリング／心理療法の理論と実践について、最新の知見を踏まえて簡潔、適確かつ包括的に紹介した画期的入門書。

　統合を目指しているパーソンセンタード・アプローチ（ＰＣＡ）諸派の最近の動向を視野に入れつつ、他学派へのフォーカシング指向カウンセリング／心理療法の幅広い応用可能性を示している。セルフ・ヘルプのためにフォーカシングの知識を深め、技能を高めたい一般の方にも最適。

　■フォーカシング指向カウンセリングの起源■フォーカシング指向カウンセリングの中核■フォーカシング指向カウンセリングの記録■ジェンドリンの理論の概要■フォーカシング指向カウンセリングとセラピーの諸学派　　　　　〈１８００円＋税〉

エリザベス・セイアー＆ジェフリー・ツィンマーマン著／青木　聡訳
『離婚後の共同子育て──子どものしあわせのために』

別居、離婚、再婚、片親疎外……別れた両親が協力して子育てを続けるための具体的なガイドライン

　離婚係争中の親や離婚後の面会交流に悩んでいる親たちが、子どものしあわせを第一に考えて、離婚後も協力して子育てに取り組むにはどうしたらいいのか？　本書は、わが国では法律的に義務づけられていないが、欧米では義務づけられている、離婚後の共同子育ての基本的な考え方が非常にわかりやすく示されている。きわめて具体的なガイドラインが提示されているので、争いを乗り越えて別居親と子どもの「日常的な交流（子育て時間）」を続けるためのマニュアルとして利用できる。

《第一部　争いと子育て：難しい組み合わせ》■争い依存症ではありませんか？■争いと子ども■争いではなく子どもを優先する■争いの解決■共同子育てに取り組む関係性を築く

《第二部　共同子育てのガイドライン》■実効性のある子育てプラン■受け渡し■しつけ■諸活動や特別なイベント■新しい関係、過去の問題■片親疎外■健全な親、健全な子ども

〈１９００円＋税〉

ピート・サンダース編著／キャンベル・パートンほか著／
近田輝行ほか監訳／末武康弘ほか訳

『パーソンセンタード・アプローチの最前線
──PCA諸派のめざすもの』

パーソンセンタード・セラピーを本当に学びたい人のための最新テキスト。PCA諸派の発展と新たな展開、その共通点と違いを明らかにする。
■CCT・PCAの歴史・出来事・年代・考え方■古典的クライエントセンタード・セラピー■フォーカシング指向心理療法■ 体験的パーソンセンタード・セラピー■心理療法への実存的アプローチ■誠実な統合に向けて■補足‥パーソンセンタード・ア ブローチ‥カウンセリングとセラピーにおける位置づけ　　　　〈2200円+税〉

諸富祥彦・村里忠之・末武康弘 編著

『ジェンドリン哲学入門──フォーカシングの根底にあるもの』

**フォーカシングの原点ジェンドリンの思想について、
その全容を解き明かしたはじめての入門書。
心理臨床を支える現代思想の最前線！**

■ ジェンドリン哲学への小さなガイド ■『体験過程と意味の創造』新装版の序文（一九九七）■『体験過程と意味の創造』について ■ ジェンドリンの現象学 ■ 現象学的概念か現象学的方法か──夢についてメダルト・ボスを批判して──」（一九七七）■ ジェンドリンの倫理学──「過程価値」ないし「プロセス・エシックス（過程倫理学）」■ 身体─環境、暗在的含意と生起、進化そして行動──『プロセスモデル』第Ⅰ章〜Ⅵ章■『プロセスモデル』第Ⅶ章にみるジェンドリンの言語論 ■ プロセスモデルのⅧ章について──フォーカシング＆TAEの真の用途 ■TAEとは何か？■ 体験過程論における自己同一性の問題■『プロセスモデル』用語集　　　　〈2600円+税〉

カール・ロジャーズ+H・ジェローム・フライバーグ著／畠瀬稔+村田進訳

『学習する自由・第3版』

ロジャーズの教育論・実践の発展的継承。最近『ロジャーズが語る自己実現の道』『ロジャーズを読む・改訂版』『ロジャーズ再考──カウンセリングの原点を探る』さらに『カール・ロジャーズ　静かなる革命』が相次いで刊行され、再評価の気運が高まっているカール・ロジャーズ。本書は、そのロジャーズの『創造への教育』および『新・創造への教育』のエッセンスを継承しつつ、アメリカにおけるその後の教育状況の変化を踏まえて、新たにヒューストン大学教育学教授ジェローム・フライバーグによって大幅に増補・改訂され、今日の教育状況の改善に資するようアップデートされて、*Freedom to Learn : Third Edition* として一九九四年に出版された待望の書の全訳。　　　　〈3400円+税〉

明治大学教授　カウンセラー　諸富祥彦著

『カール・ロジャーズ入門──自分が〝自分〟になるということ』

「カウンセリングの神様」カール・ロジャーズ。自分が〝自分〟になるとは、私が「これが私だ」と実感できる〝私〟になるとは、どのようなことか。「抑圧家族」で育てられたアダルト・チルドレン、ロジャーズの人生そのものが、自分が自分自身になるというカウンセリングの本質的テーマをめぐって展開されていた。「人間・ロジャーズ」に焦点を当て、その生涯と思想形成の歩みを解明すると共に、そこから生み出された理論と実践のエッセンスを分かりやすく説いた格好の入門書。　　　　〈2400円+税〉

デイヴ・メァーンズ著／岡村達也＋林幸子＋上嶋洋一＋山科聖加留訳／
諸富祥彦監訳・解説

『パーソンセンタード・カウンセリングの実際
——ロジャーズのアプローチの新たな展開』

　カール・ロジャーズが創始したパーソンセンタード・カウンセリング。欧米におけるその最新の発展の成果と磨き抜かれた臨床実践の実際をわかりやすくまとめたもの。〈主な内容〉治療条件を拡げる／カウンセラーの成長／治療同盟／治療過程／パーソンセンタード精神病理学／イギリスにおけるロジャーズ派カウンセリングに学ぶ（諸富）

〈１７００円＋税〉

ブライアン・ソーン著／岡村達也＋林幸子＋上嶋洋一＋三國牧子訳／諸富祥彦監訳

『カール・ロジャーズ』

　「カウンセリングの神様」カール・ロジャーズの生涯と理論、そのカウンセリングの実際まで、この一冊ですべてがわかる入門書。同時に、ロジャーズのカウンセリングにおけるスピリチュアルな側面にはじめて正面から光を当て、ロジャーズ・ルネッサンスを巻き起こす問題の書でもある。畠瀬稔氏のインタビューも掲載。カウンセリングを学ぶすべての人に捧げる必読の書！

〈１８００円＋税〉

カール・ロジャーズ著／畠瀬稔監修／加藤久子・東口千津子共訳

［英和対訳］『ロジャーズのカウンセリング（個人セラピー）の実際』

　進行中のセラピー（第17回目）の全実録。ロジャーズのカウンセリング面接ビデオ『Miss Mun』（撮影時期一九五三年—五五年頃）は、実際のセラピーの場面そのものをクライアントの諒解の下に収録したものとして貴重である。このたび、その日本語版が作成されたのに合わせて、録音の内容を英和対訳でテキストとしてまとめた。ロジャーズの心理療法の核心が最もよく表現されているこのミス・マンとの面接は、多くのサイコセラピストやカウンセラーにとってきわめて有益な、パーソンセンタード・カウンセリング実習の最上のテキストである。

〈６００円＋税〉

カール・ロジャーズ著／畠瀬稔監修／加藤久子・東口千津子共訳

［英和対訳］『これが私の真実なんだ
——麻薬に関わった人たちのエンカウンター・グループ』

　一九七〇年に原版が制作された Because That's My Way は麻薬に関わった人たちのエンカウンター・グループの記録映画で、名誉あるピーボディー賞を受賞した。この賞は、放送、記録フイルム、教育番組のすぐれた作品に授与される格式の高い賞で、放送界のピューリッツアー賞といわれている。

　一九六〇年代後半、アメリカではベトナム戦争反戦運動が高まり、ヒッピーや反体制派が広がる中で、若者たちによる麻薬の濫用が深刻な社会問題になっていた。そうした状況の中でピッツバーグの教育ＴＶ局の依頼に応じて、麻薬関係者のエンカウンター・グループが企画され、開催された。

　ロジャーズが見事なファシリテーター役を果たしているこの映画を見ると、アルコール中毒者、犯罪者、少年院、刑務所、紛争事態、学級経営、生徒指導、組織運営のあり方などにもエンカウンター・グループ的なアプローチを広げてゆくことが十分に可能だと強く感じられる。その日本版が制作されたのに合わせて、スクリプトを英和対訳テキストとしてまとめたもの。

〈１０００円＋税〉

パトリック・ライス著／畠瀬稔＋東口千津子訳
『鋼鉄のシャッター――北アイルランド紛争とエンカウンター・グループ』

　ロジャーズの先駆的エンカウンター・グループの記録。北アイルランド紛争は、英国が十二世紀にアイルランド島を支配して以来続いていた。貧しいカトリックと裕福なプロテスタント。何世紀にも渡った憎しみ合い。紛争は泥沼化していた。一九七二年、ロジャーズらは、北アイルランドの首都ベルファーストから来たプロテスタント四名、カトリック四名、英国陸軍現役大佐一名と、三日間二十四時間のエンカウンター・グループをもった。本書はその記録であり、社会的・国際的紛争解決への示唆を与えてくれるであろう。
〈１６００円＋税〉

キャロライン・ブレイジャー著／藤田一照訳
『自己牢獄を超えて――仏教心理学入門』

　「自己」は防衛のための「砦」に他ならない。それが「牢獄」となってわれわれの人生をさまざまに制限している。仏教の基本教義である五蘊や縁起を「自己＝牢獄」の生成プロセスとして詳細にとらえなおし、そこから脱していかに世界や他者に向かって開かれた生き方へと転換していくかを示す。理論篇と実践篇から成る、待望の仏教心理学の体系的教科書。
〈２５００円＋税〉

明治大学教授　カウンセラー　諸富祥彦著
『自己成長の心理学――人間性／トランスパーソナル心理学入門』

　マズロー、ロジャーズ、ジェンドリン、フランクル、ウィルバー、グロフ、ミンデル、キューブラ・ロス……人間性／トランスパーソナル心理学のエッセンスがこの一冊でわかる決定版！　著者秘蔵の写真も満載！
　ＮＨＫラジオで二〇〇二年に放送された番組「こころをよむ」のテキスト『生きがい発見の心理学　「自分」を生きる　「運命」を生きる（上・下）』をもとに加筆・削除・修正を加えて書き改め、さらに生きづらいこの時代を生き抜く知恵を説いた最新エッセイを新たに収録。■生きがいの喪失■「自分を生きる」心理学■「生きる意味」の心理学■「自分を超える」心理学■エッセイ集：生きていくためのヒント
〈２４００円＋税〉

明治大学教授　カウンセラー　諸富祥彦著
『フランクル心理学入門――どんな時も人生には意味がある』

　『夜と霧』『それでも人生にイエスと言う』の著者として世界的に有名なフランクルの心理学のエッセンスを、初めて体系的に、かつわかりやすく説いた画期的入門書。「心のむなしさ」にどう対処し、「生きる意味」をどのように発見したらいいか、「中年期」の危機をどう乗り越え、「老い」に対する態度をどう変えたらいいかといった、一般の方々の自己発見や癒しのためのセルフ・ヘルプに供するだけでなく、学校現場や企業で、また専門家にも役立つよう、人物・自己発見篇の他に原理・臨床・資料篇を加えた。
〈２４００円＋税〉

デイビッド・キセイン+シドニー・ブロック著／青木　聡+新井信子訳
『家族指向グリーフセラピー
――がん患者の家族をサポートする緩和ケア』

　家族指向グリーフセラピーは、末期患者の生活の質（Quality of Life）を高めるために家族機能の改善を試みるアプローチであると同時に、患者が亡くなった後も継続的に遺族をサポートしていく画期的な緩和ケア／悲嘆ケア・サービスである。本書では、世界的に評価の高い家族指向グリーフセラピーの実際が詳しく紹介されている。　　〈２３００円＋税〉

アルバート・クラインヒーダー著／青木聡訳
『病いとこころ――からだの症状と対話する』

　すべての病気には、こころの動きが伴っている。ユング派の心理療法家である著者は、さまざまな病気に苦しんだ経験や心理療法の事例から、症状の背景にある元型的な物語を見抜き、そのイメージの中に深く入っていくことを提唱する。自己の全体性を目指す能動的想像（アクティブ・イマジネーション）の実際。　　〈１２００円＋税〉

アーノルド・ミンデル著／青木聡訳／藤見幸雄監訳・解説
『シャーマンズボディ――心身の健康・人間関係・
コミュニティを変容させる新しいシャーマニズム』

ユング・カスタネダからミンデルへ！

　プロセス指向心理学の創始者ミンデルは、アフリカ、日本、インドでのシャーマニズム体験から学んだ〝シャーマンズボディ〟（または〝ドリーミングボディ〟）の意義と重要性に様々な角度から迫り、われわれがそれと結びつくことが健康や精神的な成長、良い関係や深い共同体感覚をもたらすと言う。そこで、一般の人々がシャーマンズボディに結びつくための実際的な方法と、夢や身体の問題に対処するための具体的な方法としてのインナーワークを、「エクササイズ」として提示する。さらにこうしたワークや新しいシャーマニズムが現在の世界にどのような影響を持つかを、国際紛争解決のための「ワールドワーク」などに言及しつつ、わかりやすく解説している。待望の名著の完訳！　　〈２１００円＋税〉

アーノルド・ミンデル著／青木聡訳／富士見幸雄監訳・解説
『大地の心理学――心ある道を生きるアウェアネス』

　ドン・ファン、ファインマン、老子の教えに学ぶ。私たちの人生を導いている不可思議な力は何だろうか？　これが本書執筆の動機となった問いである。何が私たちをある日はある方向へ、そして次の日は別の方向へと動かしているのだろうか？　それは偶然だろうか？　それは心理学、物理学、それともシャーマニズムだろうか？　世界の外的な出来事、あるいは宇宙の秩序だろうか？

　この問いに答えるため、プロセス指向心理学の創始者ミンデルは物理学、心理学、そして大地に根差した先住民の世界観やシャーマニズムに関する個人的体験からさまざまな考え方を自由に取り入れて、「道の自覚」というまったく新しい重要な概念を定義、探求、摘用していく。待望の最新著の完訳！　　〈２３００円＋税〉

エイミー・ミンデル著／佐藤和子訳／諸富祥彦監訳・解説
『メタスキル――心理療法の鍵を握るセラピストの姿勢』

　〝メタスキル〟とは、すべてのカウンセリング／心理療法の根底にあり、あらゆる学派

を超えて、セラピーの成否の鍵を握る〝何か〟である。今、注目されつつあるプロセス指向心理学の創始者アーノルド・ミンデルのパートナーである著者が、豊富な事例によりプロセス指向心理学の実際を史上初めて公にし、〝メタスキル〟の視点から検討する。
〈２０００円＋税〉

ゲアリー・リース著／田所真生子訳／明治大学教授　諸富祥彦監訳・解説
『自己変容から世界変容へ──プロセスワークによる地域変革の試み』

　草の根から世界変革へ……。内的成長が社会変革に結びつく。社会変容のファシリテーターになるために。本書は、ガチンコ勝負が得意なプロセスワーカー、ゲアリー・リースによる地域臨床のリアルファイトの記録である。
　『紛争の心理学』の著者アーノルド・ミンデルが創始したプロセス指向心理学をベースに、暴力、ドラッグ、無気……地域が抱えるさまざまな問題に取り組んだ成果がわかりやすく示されている。　　　　　　　　　　　　　　　　　　　　　　　〈２２００円＋税〉

ユング派心理療法家　トマス・ムーア序文／心理占星術研究家　鏡リュウジ解説／
臨床心理士　青木聡序文翻訳
『ヨブ記』
「神よ、私が何をしたというのですか？」
生きる不条理に聖書はどのような答えを出したか。

　『失われた心　生かされる心 Care of the Soul』『ソウルメイト Soul Mates』により全米で爆発的な「魂ブーム」を巻き起こしたユング派心理療法家トマス・ムーアが、『ヨブ記』の謎に迫り、それを人生における苦悩の役割について考えさせるものと捉え、みずからの体験に照らし合わせながらその現代的意義を読み解く。また、イギリスの心理学的占星術を日本に紹介し、従来の「占い」のイメージを一新した気鋭の心理占星術研究家鏡リュウジが、ユングの『ヨブへの答え』などに触れながら、聖書中のこの不思議な物語を現代人にとって決定的な意味を持つものとして提示する。　　　　　　　　　〈１４００円＋税〉

ジェイムズ・ホリス著／神谷正光＋青木聡共訳
『「影」の心理学──なぜ善人が悪事を為すのか？』
ユング心理学の中核概念のひとつである「影」とのつきあい方を
丹念にまとめあげた快著。

　できることなら目を逸らしておきたい自分の一部、ユングはそれを「影」と呼んだ。端的に言えば、「影」とは生きられていない「私」である。「私」は親・夫・妻・会社員・教師等々として、いわば「善人」として社会に適応するために、努力して「仮面」を作り上げていき、それとほぼ「同一化」して日常生活を営んでいく。一方、その過程で「私」に切り捨てられた自己の諸側面は、背後から「私」を追い回す「影」となってしまう。そして「仮面」が「私」に張り付いて一面的な生き方や考え方に凝り固まってしまう時、「影」は根本的な変化を求めて「私」に襲い掛かってくる。
　善人が不意に悪事を為してしまうのも、心の隅に追いやられていた「影」のせいである。が、たいていの場合、「私」は「影」を自分の一部として認めようとしない。それどころか、無意識のうちに「影」を不快な他者に投影して自分から遠ざけてしまうこともある。しかし、ユングはこの「影」と「真摯に向き合う」ことを勧めている。なぜなら、「影」の目線で「私」を見つめ直すことによって、少しずつ「私」の変容が始まるからである。その取り組みが真摯であればあるほど、内面に生じた分裂を俯瞰し、かつ統合する新たな視点が育まれていき、やがてその影響は周囲にも波及していくに違いない。〈１８００円＋税〉

ジェイムズ・ホリス著／藤南佳代＋大野龍一共訳
『ミドル・パッセージ──生きる意味の再発見』
人生後半を豊かに生きるために──ユング派分析家からのメッセージ

　人によってその時期と訪れ方はさまざまだが、一般に「中年危機」と呼ばれる人生の転換期が必ずやってくる。思うにまかせぬまま、人は空虚さ、混乱、倦怠、惨めさ、抑うつ等に悩まされる。しかしそこには、実り豊かで創造的な後半生と、自己の全体性を実現するための、深いこころの知恵が秘められている。
　欧米でロングセラーを続ける、アメリカ心理学会重鎮の快著。すぐれた人生論、教養書としても読める本書は、ミドルだけでなく、よりよい生き方を模索する若い世代にも実り多い読書体験を約束してくれるだろう。
〈１６００円＋税〉

帝京平成大学専任講師　向後善之著
『わかるカウンセリング──自己心理学をベースとした
統合的カウンセリング』

　アメリカのトランスパーソナル心理学の拠点の一つＣＩＩＳで学んだ最新心理学・臨床心理学に基づき、コフートの自己心理学、精神分析、トランスパーソナル心理学などについて、レベルは落とさず、しかも極限までわかりやすく説いた入門書。カウンセリング初心者の方、最新臨床心理学を学びたい方に。
〈１８００円＋税〉

帝京平成大学専任講師　向後善之著
『カウンセラーへの長い旅──四十歳からのアメリカ留学』

　四十歳で脱サラ後、いかにしてカウンセラーになったのか？　技術屋として某石油会社に勤めていた著者は、学生時代から心理学に関心があり、いつか本格的に学びたいと思っていた。三十代前半に、あるアメリカ人セラピストに出会ったことがきっかけで、四十歳の時にアメリカに留学することを決意した。そして苦手だった英語・英会話をある程度習得した後、著者は、意を決して長年馴れ親しんだ会社を去り、アメリカへと旅立った。めざすはＣＩＩＳ（カリフォルニア統合学研究所）。アメリカでの四年間の留学日記である本書を読むと、カウンセリング心理学を中心とした学習の実際が手にとるようにわかる。
〈１６００円＋税〉

山本次郎著
『カウンセリングの実技がわかる本 ◎ 上巻』

　演習入門篇、進め方応用篇、フルコース案内篇から成る本書は、初心者カウンセラーの多くが求めていた実用書。カウンセラーの三つの基本的条件、ロールプレイ（初回面接の演習）の基礎、ミニ・カウンセリングの基礎知識など、実用的なヒントを満載。
〈２５００円＋税〉

『カウンセリングの実技がわかる本 ◎ 下巻』

　エゴグラムや、フォーカシングや、過去・現在・未来などの「助言篇」と、後期ロジャーズ派の「助言なし解決編」を、わかりやすく説明。従来のカウンセリングの学習にありがちな「木を見て森を見ず」的傾向に陥らないため、「木」の部分にあたる上巻に対して、下巻は「森」の部分としてまとめてあり、上下二巻を併せ読むことによってカウンセリングの全体を理解することができる。
〈２５００円＋税〉

ヒューマン・ギルド代表　岩井俊憲著

『アドラー心理学によるカウンセリング・マインドの育て方
──人はだれに心をひらくのか』

　現在静かなブームとなっているアドラー心理学をベースに、カウンセリングの専門家でない人も、すでに学んでいる人も現場で実際に生かせるよう、図版を用いてわかりやすく「簡易カウンセリング」のノウハウを紹介。本書はとりわけ、バブル崩壊後、生産性向上の名の下に失われていた「ビジネスマンの尊厳」を回復することを新しい世紀に向けての企業社会の新たな目標に掲げ、そのためにカウンセリングの理論や技法を適用することをめざしている。　　　　　　　　　　　　　　　　　　　〈１６００円+税〉

ヒューマン・ギルド代表　岩井俊憲著

『失意の時こそ勇気を──心の雨の日の過ごし方』

無理せず、あせらず、そして勇気をもって失意の時（心の雨の日）を乗り切るための知恵

　人生で逆風が吹いている時（陰の時）には、その「陰のメッセージ」を読み取ることが必要である。著者は、自らの人生を振り返りつつ、失意の時（心の雨の日）を過ごすための五つの知恵を提示している。
■人生の晴れの日、雨の日■心の雨の日を過ごした人たち■二毛作の人生を生きる■心の雨の日を過ごす五つの知恵■真の楽観主義、そして勇気を　　　〈１５００円+税〉

ジェーン・ネルセン他著／会沢信彦訳／諸富祥彦解説

『クラス会議で子どもが変わる
──アドラー心理学でポジティブ学級づくり』

　アドラー心理学の理論と方法に基づいた〝育てるカウンセリング〟の発想に立つ学級経営の実際を具体的に紹介。子どもたちを尊敬し、信頼し、勇気づけ、学級崩壊を防ぐための具体的なアイディアやノウハウが満載！。　　　　　　　　　　　〈１８００円+税〉

福島大学総合教育研究センター助教授 青木真理編著／隈病院顧問医師 加藤清ほか共著
畠瀬　稔・水野行範・塚本久夫編著

『人間中心の教育──パーソンセンタード・アプローチによる
教育の再生をめざして』

人間性を尊重する教育をめざすすべての人びとに励ましとヒントを与える
三〇年にわたる人間中心の教育研究の成果

　本書は、「人間中心の教育研究会」発足三〇年とカール・ロジャーズ生誕一一〇年を記念し、「競争主義」「成果主義」に向かう日本の教育に対して、ひとり一人の人間の存在を尊重し、人間としての全体的な成長を援助する「パーソンセンタード（人間中心の）教育」の理論と実践を、同研究会での成果ならびに「有馬研修会」での経験を踏まえて、紹介し、提案している。　　　　　　　　　　　　　　　　　　　〈２２００円+税〉

パメラ・J・バリー著／末武康弘監修／青葉里知子＋堀尾直美共訳

『「グロリアと三人のセラピスト」とともに生きて
──娘による追想』

グロリアの"その後"についての貴重な証言

　一九六五年にアメリカで公開された、史上初の心理療法のデモンストレーション映画「グロリアと三人のセラピスト」。これはアメリカのみならず世界各地で心理療法の教材映像として視聴されてきた有名な映画である。その内容は、当時のアメリカを代表する心理療法家、カール・ロジャーズ、フレデリック・パールズ、アルバート・エリスがひとりの女性の心理療法面接を行うというもので、そのクライアント役をつとめたのがグロリアという当時三十歳を少し過ぎた女性だった。この映画が公開されて以降、心理療法の映像資料は他にも多々制作されてきたが、現在に至るまで最も多くの人々に視聴され、内容についての分析や議論が数多く行われてきたと言われている。

　本書は、グロリアの娘パメラが映画にまつわる母の思い出を綴るだけでなく、突然の病と死によって母が達成できなかった意志──映画撮影の経験とその後の彼女の人生や成長について真実を伝えること──を受け継ぎ、実現させるために書いた待望の書。

〈１８００円＋税〉

丸井妙子著

離婚の苦悩から子どもを救い出すために

親も子どもも幸せになるためのヒント

　離婚後、子どもの幸せを最優先し、子どもを犠牲にしない方法について、実例を基にわかりやすく解説。
　また、"片親疎外"の恐るべき実態とその結末についても述べる。
　子どものためには、離婚はできるだけ避けたい。でも、それができないときは、どうすればいいのか？　離婚を乗り越えて、親子がともに幸せになる道はあるのか？
　離婚大国と揶揄されるアメリカの研究成果を基に、筆者自身が出会った衝撃的な事例を挙げながら、子どもを最優先して、親も子どもともに幸せになるための具体策を考えていく。
　◎破局のかたち◎離婚をめぐる考察◎子連れ離婚の問題点◎子どもの幸せを最優先する

〈１８００円＋税〉

明治大学文学部教授　諸富祥彦編著

カウンセリング／臨床心理学を学ぶ人のための

伝説のセラピストの言葉

　現在一線で活躍しているセラピスト（カウンセラー）が、自分の実践を支えている、「伝説のセラピスト」の「とっておきの言葉」を披露し、わかりやすく解説。

◎フロイト◎エリクソン◎フロム＝ライヒマン◎ウィニコット◎コフート◎ユング◎ヒルマン◎ミンデル◎アドラー◎ドライカース◎ロジャーズ◎ジェンドリン◎アン・ワイザー・コーネル◎パールズ◎マスロー◎フランクル◎アルバート・エリス◎ウィルバー◎キューブラー・ロス◎森田正馬◎河合隼雄◎中井久夫◎神田橋條治◎山上敏子◎増井武

〈２３００円＋税〉

「コスモス・ライブラリー」のめざすもの

　古代ギリシャのピュタゴラス学派にとって〈コスモス kosmos〉とは、現代人が思い浮かべるようなたんなる物理的宇宙（cosmos）ではなく、物質から心および神にまで至る存在の全領域が豊かに織り込まれた〈全体〉を意味していた。が、物質還元主義の科学とそれが生み出した技術と対応した産業主義の急速な発達とともに、もっぱら五官に隷属するものだけが重視され、人間のかけがえのない一半を形づくる精神界は悲惨なまでに忘却されようとしている。しかし、自然の無限の浄化力と無尽蔵の資源という、ありえない仮定の上に営まれてきた産業主義は、いま社会主義経済も自由主義経済もともに、当然ながら深刻な環境破壊と精神・心の荒廃というつけを負わされ、それを克服する本当の意味で「持続可能な」社会のビジョンを提示できぬまま、立ちすくんでいるかに見える。

　環境問題だけをとっても、真の解決には、科学技術的な取組みだけではなく、それを内面から支える新たな環境倫理の確立が急務であり、それには、環境・自然と人間との深い一体感、環境を破壊することは自分自身を破壊することにほかならないことを、観念ではなく実感として把握しうる精神性、真の宗教性、さらに言えば〈霊性〉が不可欠である。が、そうした深い内面的変容は、これまでごく限られた宗教者、覚者、賢者たちにおいて実現されるにとどまり、また文化や宗教の枠に阻まれて、人類全体の進路を決める大きな潮流をなすには至っていない。

　「コスモス・ライブラリー」の創設には、東西・新旧の知恵の書の紹介を通じて、失われた〈コスモス〉の自覚を回復したい、様々な英知の合流した大きな潮流の形成に寄与したいという切実な願いがこめられている。そのような思いの実現は、いうまでもなく心ある読者の幅広い支援なしにはありえない。来るべき世紀に向け、破壊と暗黒ではなく、英知と洞察と深い慈愛に満ちた世界が実現されることを願って、「コスモス・ライブラリー」は読者と共に歩み続けたい。